MEMORIA DE ABRIL

Francisco X. Fernández Naval

Memoria de abril

arte**poética** press

Nueva York, 2014

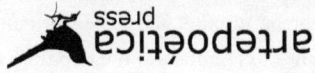

Title: Memoria de abril
ISBN-10:1940075068
ISBN-13: 978-1-940075-06-8

Design: © Ana Paola González
Cover: © Jhon Aguasaco
Author's photo by: © Maribel Longueira
Editor in chief: Carlos Aguasaco
E-mail: carlos@artepoetica.com
Mail: 38-38 215 Place, Bayside, NY 11361, USA.

© Memoria de abril, 2014 Francisco X. Fernández Naval
© Edition, translation and preliminary study, 2014 Teresa Seara
© Memoria de abril, 2014 for this edition Artepoética Press

MEMORIA DE ABRIL

FRANCISCO X. FERNÁNDEZ NAVAL

Edición, estudio introductorio y traducción de Teresa Seara

ÍNDICE

BATER DE SOMBRAS (2010)

GOLPEAR DE SOMBRAS (2010)

INTRODUCCIÓN

LA VIDA Y SUS RAÍCES

Francisco Xosé Fernández Naval nació en Ourense el 26 de abril de 1956, aunque, desde 1982, reside en A Coruña. Licenciado en Filosofía y Ciencias de la Educación, trabaja como funcionario de la Xunta de Galicia.

En 1980 publica su primer poemario, *A fonte abagañada (Fuente estéril)*, y, a partir de entonces, desarrollará una sólida carrera literaria donde cultiva tanto la ficción (poesía, novela, relato y narrativa infanto-juvenil) como otras modalidades (ensayo, guías de viaje y artículos en revistas de España y América). Algunas de sus obras han sido traducidas al castellano, catalán, éuscaro, francés y árabe. Más esporádicamente trata otros géneros literarios. Así es autor del monólogo teatral *Non se che faga tarde*, representado por la actriz María Inés Cuadrado -con dirección de Manane Rodríguez- en escenarios españoles, argentinos y uruguayos. También pertenece al género dramático *Pares soltos oportunidades*, aún sin estrenar. Además, escribió guiones cinematográficos para el Museo do Pobo Galego, con motivo de la muestra que recuerda el tricentenario del arquitecto Domingos de Andrade (*Domingos de Andrade, excelencia do Barroco*), y para la Televisión de Galicia (la serie *Un mundo de historias* y el largometraje *Pataghorobí*, donde adapta el relato homónimo de Xosé Cid Cabido). Como traductor ha versionado al gallego obras en portugués (José Braga Amaral), castellano (Ludwig Zeller y Elena Poniatowska) o francés (Manon Moreau). En la Radio Galega dirigió y presentó, en colaboración con Eva Veiga, *Baixo o mesmo ceo*, un programa sobre poesía. En la actualidad, mantiene el blog *A noite branca* (http://fernandeznaval.blogaliza.org/).

La crítica incluye a Francisco X. Fernández Naval en la Generación de los Ochenta, un numeroso grupo de poetas que comienzan a publicar en la penúltima década del siglo XX y que vivieron los profundos cambios políticos y sociales posteriores al fallecimiento, en 1975, de Francisco Franco Baamonde. Nacidos en la década de los cincuenta, por lo tanto en plena dictadura franquista –régimen que estaría en el poder casi cuarenta años tras finalizar la Guerra Civil española (1936-1939)-, fueron testigos de la llegada del período democrático que se ampara en la Constitución de 1978. En ella se reconoce el carácter de nacionalidad histórica para Galicia al contar, ya en 1936, con un Estatuto de Autonomía y, en consecuencia, su derecho a gobernarse por medio de la Xunta de Galicia, rigiéndose por un nuevo Estatuto aprobado en

1981. La instauración del sistema autonómico favoreció mucho a la cultura autóctona puesto que tanto la Constitución como el Estatuto reconocen la cooficialidad del gallego y el castellano, garantizan su empleo y las definen como un valioso patrimonio inmaterial. La puesta en marcha de la Ley de Normalización Lingüística (1983), además de promover otras actuaciones, introduce el estudio de la lengua y la literatura gallegas en el sistema educativo desde niveles primarios y logra que los más jóvenes superen una carencia propia de sus antecesores: la que les obligaba a ser autodidactas en el conocimiento de ambas materias.

La bonanza económica y la apertura social propias del postfranquismo permiten fundar en los años ochenta nuevos sellos editoriales, al tiempo que diversos organismos (ayuntamientos, revistas, editoras, asociaciones culturales, etc.) potencian la creatividad convocando premios literarios gracias a los que muchos escritores se dan a conocer. En esta época se concede gran importancia a los recitales poéticos pues en ellos autor y público interactúan de forma directa. Además la crítica literaria y la creación empiezan a ocupar cada vez más páginas de revistas así como los suplementos culturales de la prensa diaria, hecho que se ha entendido como máximo signo de normalidad. Por otra parte, los poetas y narradores gallegos trascienden fronteras figurando en antologías y volúmenes colectivos que les hacen conocidos fuera del territorio de Galicia. Todos estos logros consolidaron un sólido sistema literario que se enriquece también con la llegada de las promociones finiseculares y de comienzos del siglo XXI.

La Generación poética de los Ochenta ha sido la responsable de finiquitar el socialrealismo –tendencia hegemónica en nuestras letras desde 1962, año de publicación de *Longa noite de pedra* de Celso Emilio Ferreiro, hasta finales de los 70- cuyo compromiso se expresa a través de un lenguaje directo e incluso, en ocasiones, muy panfletario, que no admite ningún tipo de complicación estilística, puesto que esta impediría captar el sentido del poema. Los epígonos de Celso Emilio Ferreiro que imitan y repiten hasta la saciedad fórmulas cada vez más obsoletas provocan el agotamiento de esta escuela, hecho ya ostensible avanzados los años setenta. Es entonces cuando los poetas más jóvenes deciden recuperar temas -y también voces- silenciados al considerarse impropio escribir en dictadura una poesía carente de raíz social. El amor y el erotismo, tendencias troncales desde los albores de nuestras letras en el siglo XII, vuelven ahora a la lírica despojándose de tabúes y demostrando que el compromiso ético no está reñido con el intimismo. Al mismo tiempo, se retoma el debate existencial en la línea de la Escola da Tebra que, en los años cincuenta, seguía los postulados de Sartre y Camus añadiéndoles matices surrealistas. La reflexión metaliteraria sobre la capacidad del lenguaje para expresar todo lo que el poeta quiere transmitir es una característica constante también en los autores de los ochenta y en las generaciones siguientes ya que se interpela al lector como elemento fundamental que no solo da sentido a la obra en sí misma sino que también participa en los recitales, *performances* y otros actos donde la poesía toma cuerpo y voz. Otra de las grandes líneas temáticas de la literatura gallega contemporánea, el telurismo, reaparece con fuerza en los años ochenta vinculada a un profundo compromiso ecológico, ético y político con una tierra que se siente paisaje, madre y, sobre todo, patria. Asimismo comienza a introducirse en los poemas el espacio urbano, ámbito hasta ahora ajeno a la lírica por cuanto en Galicia los núcleos de población siguen siendo en su mayoría rurales. Ya a principios del siglo XX, el grupo Nós –con las figuras sobresalientes de Vicente Risco, Alfonso Daniel R. Castelao y Ramón Otero Pedrayo como verdaderos artífices de nuestra modernidad cultural y política- había situado el epicentro de la auténtica esencia del pueblo gallego en el campo, puesto que allí perviven, frente al empuje diglósico del castellano en los Séculos Escuros (XVI a XVIII), la cultura popular y, sobre todo, la lengua.

Todas estas temáticas, e incluso la poesía más comprometida que sigue cultivándose en los años ochenta, se van a expresar mediante un lenguaje estilísticamente muy elaborado que, en algunos casos, deriva hacia el barroquismo expresivo y que, mientras sitúa sus referentes en la literatura universal, busca también el diálogo culturalista con las artes plásticas, la música y el cine. Formalmente se cuida la estructura del poema, su sonoridad, por más que la mayoría de los autores prefieran el verso libre. Estas peculiaridades convierten a la Generación de los Ochenta en la gran renovadora de la poesía gallega más contemporánea puesto que consigue encaminarla hacia la posmodernidad finisecular.

Como ya dijimos, Francisco X. Fernández Naval publica en 1980 su primer libro, *A fonte abagañada (Fuente estéril)*. Por él recibió el Premio de Poesía Cidade de Ourense en su convocatoria inicial. El volumen recoge 23 poemas ambientados en uno de los espacios más recurrentes en la obra de nuestro autor, Ourense, ciudad natal y lugar donde se desarrolla su infancia y juventud. Este regreso al origen propicia en la primera persona poética el ejercicio retrospectivo y evaluador de una vida, la suya, marcada tanto por los descubrimientos fundamentales de la adolescencia como por los conflictos de la madurez. El yo recupera ahora los sueños juveniles, aún sabiéndose parte de una generación perdida que tiene muy pocas posibilidades de cumplir sus anhelos por cuanto la situación social y política no le permite realizarlos. Pese a todo, es necesario un auténtico compromiso de la juventud con el cambio que se está gestando pues en estos años, simbólicamente, se contraponen, por un lado, las tinieblas, el invierno y el miedo que representan los ecos de la asfixiante dictadura del pasado y, por el otro, la luz y la libertad abriéndose hacia lo positivo gracias, en buena medida, a la implicación de los más jóvenes con la sociedad del futuro.

En *A fonte abagañada* conviven dos temas que serán troncales en el corpus del poeta: el amor y la línea social. El primero se percibe como un sentimiento sin verdadera esperanza, irrealizable y fracasado puesto que la relación entre el yo y ese tú que es siempre un interlocutor silencioso no cuaja. Al contrario, notamos que esa presencia femenina está muy lejos de las expectativas de quien la ama y este desapego provoca que el yo se sienta cada vez más inmerso en un marasmo existencial y en un gran dolor que no parecen tener fin sino que se ven incrementados con el recuerdo continuo, implícito en el símbolo arquetípico del río, del avance imparable del tiempo vital hacia la nada. También inciden en esta falta de esperanza las referencias culturalistas que, pertenecientes al cine, la música y la literatura, introduce el autor en sus poemas. Por su parte, la denuncia de la opresión propia de los últimos años del régimen franquista aflora en varios textos que resaltan la falta total de libertades y de derechos civiles que sufre el pueblo. Con todo, el compromiso no se relaciona exclusivamente con la realidad más inmediata sino que se extiende también a otros ámbitos conflictivos como África o América Latina.

En 1987, Fernández Naval publica su segundo poemario, *Pavillón habitado (Pabellón habitado)*. Como señala en la solapa del volumen Xulio Valcárcel –prestigioso poeta y crítico literario, miembro también de la Generación de los Ochenta-, en este libro además de volver a encontrarnos con el tema amoroso, aparece la preocupación por el ser humano en su destino colectivo puesto que la búsqueda de la propia identidad no puede efectuarse fuera del grupo social al que se está intrínsecamente vinculado. El sino del yo es pues el mismo que el de la sociedad de la que forma parte lo que le obliga a implicarse de manera activa en el logro de las libertades comunes. Así, aflora de nuevo en los poemas el compromiso junto a líneas temáticas más secundarias como el paso del tiempo o la memoria y a la introducción de otro ámbito espacial asiduo en la obra de nuestro autor: el mar.

Formalmente, este poemario es mucho más complejo que el primero ya que posee una estructura cuadripartita. La primera parte, "Pavillón habitado" ("Pabellón habitado), contiene diez poemas donde el yo muestra las heridas que el silencio, la soledad y el dolor le infligieron. La presencia del río que, como la vida, no detiene su fluir se une a la recuperación de uno de los símbolos más relevantes en la poesía gallega: la piedra. Ya Celso Emilio Ferreiro había connotado en 1962 a la dictadura franquista como una "longa noite de pedra" ("larga noche de piedra") y ahora Fernández Naval utiliza este elemento para poner de manifiesto su inmutabilidad frente a cualquier agresión. Al igual que la piedra, la verdad última permanece incólume pero su contacto lastima ya que solo se llega a ella indagando en las múltiples y profundas heridas que nos ha causado el vivir.

La segunda parte del libro, "Rapaza na fenestra, sobre o azul dos soños de Salvador Dalí" ("Muchacha en la ventana, sobre el azul de los sueños de Salvador Dalí"), es en realidad un poema en cuatro tiempos que se inspira en un cuadro del gran pintor surrealista. La contemplación de este lienzo donde una joven, de espaldas al espectador, mira el océano por la ventana abierta, permite al yo reflexionar sobre la belleza no solo desde el punto de vista estético sino intentando adentrarse en la consciencia de esta mujer. El deseo se convierte así en tema central: el de ella por el mar que observa, el de la voz poética por la navegación; mostrando el yo con este anhelo una clara sintonía con los símbolos arquetípicos que identifican la vida con una singladura, tratados ya magistralmente en nuestras letras por el vanguardista Manuel Antonio.

"Deluva dos corais" ("Despertar de corales") recoge dieciséis poemas sobre la vivencia plena de un amor correspondido. Así, aún los inevitables momentos de incertidumbre y espera se despojan de cualquier matiz adverso puesto que llevan al deseo hasta su punto álgido. Siguiendo la estela de otros poetas de la Generación de los Ochenta, Fernández Naval cultiva un erotismo sugerente, sensual, donde el cuerpo es pieza clave al permitir la íntima comunión de aquellos que se aman. Tan valiosos son estos instantes compartidos que se anhela captar todos sus matices adoptando, al describirlos, la óptica de un poeta *flaneur*, muy evidente en los larguísimos títulos que llevan la mayoría de estos poemas. Después se recurre a la memoria -tema que será fulcral en obras posteriores- como única fuerza capaz de preservar los recuerdos del paso destructivo del tiempo.

Por último, dos textos de temática amorosa forman la cuarta parte: "Variacións" ("Variaciones"). El primero refleja la alegría radical que este sentimiento hace nacer en la voz poética mientras que el segundo, antagónico, muestra la soledad extrema de quien espera aún desconociendo el resultado final de esta circunstancia.

Durante un período de doce años no volverá Fernández Naval a publicar un poemario aunque escribe, entre 1987 y 1997, los textos que después recopila en *Días de cera* (1999). Es este un volumen vertebrado por la memoria, concepto poliédrico que tanto se relaciona con la nostalgia por lo perdido –sobre todo la niñez- como provoca la reflexión profunda sobre las razones de la existencia o ayuda a conservar todo aquello que resulta valioso para el yo. Así, los 34 poemas que inician la obra recogen, de forma más o menos cronológica, la evocación ponderativa de todo lo vivido desde la infancia hasta el momento de la paternidad. Un tono de dulce melancolía impregna las palabras cuando hablan de lo más remoto: las tardes en la cabina del cine que el padre del poeta regentaba en Ourense, los juegos con los otros niños en el río, la primera novia... Conforme avanzamos en edad y vivencias, el tono se vuelve más profundo y, en ocasiones, doloroso puesto que el yo sabe que todo lo que recrea en los textos es ya irrecuperable. El amor y el erotismo traen al poema ecos sensuales mientras que la muerte de los seres queridos aporta el contrapunto trágico. Con todo, la experiencia más radical descrita en el poemario es la de tener un hijo. El asombro del progenitor primerizo, las dificultades para conciliar el trabajo con el cuidado del niño e incluso las incertidumbres sobre cómo ser un buen padre no impiden al yo experimentar el amor más altruista y desinteresado por su vástago, un sentimiento que cura cualquier herida existencial.

El personaje mitológico de Ícaro protagoniza algunos textos de este libro por ser imagen de la lucha extrema por la supervivencia cuando las fuerzas antitéticas de la razón y el deseo le guían en direcciones opuestas. Al igual que el hijo de Dédalo, el yo se entrega al ansia de descifrar los misterios insondables de la vida pero este logro representa para él, como para el ateniense, descender al abismo mientras sus frágiles alas se derriten calcinadas por el sol del saber supremo. Y así, cuando los "días de cera" se deshacen sin remedio en nuestras manos y la vida nos envuelve como red con sus trampas mortíferas, surgen las dudas existenciales: ¿seremos capaces de recuperar el equilibrio?, ¿es el vuelo un afán prohibido?, ¿está el ser humano predestinado a no conocer nunca el fundamento de su origen? La incapacidad para dar respuesta a todas estas preguntas angustia al yo tanto como la amenaza del precipicio sobresaltaba al joven Ícaro.

Los quince textos finales de *Días de cera* aparecen distribuidos en tres partes: "Tres poemas de París" –donde, mezclando gallego y francés, se recrea un viaje a esta ciudad-, "Ara solis" –un conjunto de nueve poemas (publicados ya como libro de artista en 1996 con grabados de Jaqueline Ricard) que retoman el símbolo de la piedra dotándolo ahora de múltiples sentidos: cuna de nuestra civilización, elemento mítico o materia capaz de preservar a la palabra en ella escrita- y "Elexía" ("Elegía") que contiene tres poemas dedicados a la muerte de Manolo Vidal, amigo entrañable que sobrevivirá por siempre en la memoria del yo.

Dando un giro completo a su poética, Fernández Naval edita en 2005

Mar de Lira, un libro donde no solo cambia la geografía espacial, ahora situada en Lira -parroquia del ayuntamiento coruñés de Carnota donde el escritor tiene una casa-, sino que hace del mar protagonista absoluto de los poemas. Tanto en ellos como en las imágenes que les acompañan —obra de la fotógrafa Maribel Longueira, esposa del autor-, el océano es presentado desde múltiples ópticas: la de los marineros en su dura lucha con él durante las largas jornadas de pesca, la de los que aguardan en tierra con la incertidumbre de si sus seres queridos volverán sanos y salvos, la de los que recogen las "crebas" o despojos que las olas depositan en la playa, la de los que se aman en estos sensuales escenarios... sin olvidar las dimensiones mítica e incluso épica. Así, están muy presentes en la obra las leyendas y supersticiones populares que entroncan tanto con seres más clásicos (sobre todo, la sirena) como evidencian ritos propios de la antropología gallega, entre otros, el cambio de postura de la teja de la ermita para que amaine el viento, el salto sobre la lumbre que evita la colonización del cuerpo por el alma de los difuntos o el ritual de "sacar el aire" para librarse del mal y de sus perniciosos efectos sobre la salud.

En cuanto al léxico, hay que destacar, por un lado, el amplio uso de vocabularios referidos a la flora y fauna autóctonas así como a aparejos náuticos y artes de pesca y, por el otro, la presencia constante de la toponimia de Lira y de sus alrededores que es recreada en multitud de nombres que, situándose en el propio océano (Petón Fero, Charqueira, Os Forcados, Foz, Galafato, etc.) o remitiendo a lugares en tierra (Lariño, isla Lobeira, Fisterra, Onde se Adora...), nos ayudan a trazar una geografía humana muy concreta: la de los pescadores y sus familias. Algunos de ellos -como el, en esa zona, mítico Cuchía- toman voz en los textos para compartir con nosotros su profundo saber, conquistado en disputa continua y constante con el mar. Así, sea en sus faenas habituales, entreteniéndose en el bar del pueblo (el "Pedra Pas") o aguardando la llegada a puerto de los otros marineros, los personajes retratados en los poemas adquieren un tono épico puesto que son capaces de encararse con un monstruo ciclópeo sin ninguna protección específica frente a él.

En 2007, Francisco X. Fernández Naval vuelve a recibir el Premio de Poesía Cidade de Ourense, esta vez en su edición número XXIII, por *Miño*, un libro donde traza, en cuatro partes, un retrato poliédrico del río más largo y caudaloso de Galicia. Los treinta poemas que forman la primera parte, "O Carpazal" ("El Carpazal"), recogen la historia familiar que se confía a la memoria del yo, siendo este aún muy pequeño, para preservarla de la pérdida. En esta fase de la vida, el río representa un escenario lúdico puesto que en su orilla se desarrollan los juegos infantiles siempre bajo el contrapunto del miedo ya que los niños son aleccionados en los grandes peligros que esconde la, en apariencia plácida, corriente fluvial. Avanzando en los recuerdos, los treinta y tres textos que forman la segunda parte, "Caderno azul" ("Cuaderno azul"), aportan las vivencias del adolescente que, en la ribera, tiene sus primeros escarceos con el sexo opuesto. Ahora el río suscita una serie de reflexiones filosóficas que, siguiendo las teorías de Heráclito, ponen en evidencia el paso implacable del tiempo. Todo fluye aunque, paradójicamente, todo permanece puesto que el agua está en un continuo moverse pero el seno del río es siempre el mismo. También así la vida mantiene inmutable el poso de las vivencias mientras transforma al ser a cada paso que este da.

El larguísimo poema que compone la tercera parte, "Riografía" –con sus 350 versos, tantos como quilómetros mide el Miño-, representa una suerte de biografía fluvial donde se atiende a diversas facetas: la mítica vinculada a ciertos seres femeninos (aureanas, nereidas, lavanderas nocturnas) que viven en sus aguas aportándole un aura de misterio; la económica desde los oficios de pescador y barquero, llegando este a tener una doble faz pues, por un lado, transporta a las personas de una a otra orilla y, por el otro, se identifica con Caronte o Melias cruzando a las almas en la laguna Estigia; y la trágica al ser el río espacio de muerte no solo por ahogamiento sino por represalia ya que, durante la Guerra Civil y la postguerra, los falangistas se desharán de los cadáveres de los paseados tirándolos al Miño que adquiere, por esta causa, una pesada sombra al ser cementerio de inocentes. La última parte, "Lugares da memoria" ("Lugares de la memoria"), sirve de colofón al volumen ya que en sus cuatro poemas se (re)compone el mapa de la memoria, se constata que el río es lo único que siempre permanece y se acentúa la identificación simbólica entre río y vida.

El Premio de Poesía Fiz Vergara Vilariño galardonó en 2010 el buen hacer de Fernández Naval en *Bater de sombras (Golpear de sombras)*, obra publicada ese mismo año. Este libro, que vio la luz en castellano en 2011 y dio lugar a una *plaquette* en 2012, representa otra vuelta de tuerca en la trayectoria de su autor puesto que la sombra, que ya aparecía como amenaza velada en *Miño*, se convierte ahora en tema fulcral y reside tanto en los impulsos más primitivos del ser humano como en esa oscura energía que se desprende de los actos ilícitos. Carente de valores éticos, el yo es un ser incapaz de interactuar con sus congéneres desde el amor y la solidaridad tendiendo, por el contrario, hacia la anarquía de quien no se aviene a normas ni acepta límites. Por eso se interna en el lado tenebroso de la vida y, allí donde las fronteras entre lo legítimo y lo prohibido ya no existen, conoce la medida exacta de lo que somos. Con todo, se procura despojar a la sombra de las falsas etiquetas que, ya a priori, la connotan porque solo mirándola de frente se puede conocer su verdadera naturaleza, objetivo último del yo. Léxicamente, la profusa reiteración de iconografías de animales perversos, parásitos propios del interior corporal o habitantes del inframundo crea un intenso efecto de desamparo y vulnerabilidad frente a la perversión de los otros que llega a extremos álgidos en los 42 poemas iniciales. Sísifo y Prometeo son las figuras principales en este grupo de textos por cuanto representan seres desgarrados por el castigo severo y atroz con el que purgan su atreverse a lo prohibido, perfectos ejemplos de que el desafío a las normas nos condena a penar inútilmente por toda la eternidad.

En los cinco poemas que se engloban bajo el título "No corazón das tebras" ("En el corazón de las tinieblas"), el yo desciende a los infiernos del morbo, la derrota y la tortura mientras investiga sobre ciertos tipos de parafilia. Ahora el placer es abyecto puesto que deriva del martirio extremo del cuerpo, de la dominación brutal y del terror como medio de someter, sobre todo, a las mujeres. Pero, aún así, la sombra puede ser exorcizada por el poder salvífico de los sueños, los afectos y el mar que deshace con su pureza todo aquello que nos mancilla, como deducimos de la lectura de los tres textos finales del libro, recogidos bajo el epígrafe de "Onde nadan os días" ("Donde nadan los días").

La editorial mexicana Micielo publicaba como *plaquette* en 2011 la serie de poemas que forman *Suite Dublín*, un conjunto de siete textos escritos durante una estancia del poeta en la capital irlandesa en marzo de 2010. El ser se encuentra ahora en un territorio ajeno, en cierta forma hostil puesto que en él predominan el silencio y el frío, elementos que suscitan la introspección y le permiten sintonizar con todo lo que le rodea. Un año después, estos poemas se recogen en un libro miscelánico, *Suite Dublín e outros poemas*, compuesto además por 34 composiciones de muy diversa índole, la mayoría de circunstancias y con un alto componente lúdico.

De todas estas fuentes bebe *Memoria de abril* que pretende ser una antología amplia y diversa de la obra poética de Francisco X. Fernández Naval y también un homenaje, desde su propio título, a la memoria como fuerza que nos permite trascender al tiempo y a sus heridas por cuanto memoria es el origen, lo que más amamos, aquello que estuvo y quizás ya no está, lo que se extraña desde la sutil melancolía o con el dolor más extremo, la raíz familiar pero también la historia de los pueblos. Vinculado a estas dimensiones de la memoria, abril aparece de forma recurrente en la vida y la obra de nuestro autor. En la primera puesto que tanto él como su único hijo nacieron en este mes, en el que también moriría su padre. Y en la segunda porque muy buena parte de su corpus, poético o en prosa, se relaciona con esa época de libertad y progreso que fue la II República, instaurada en abril de 1931. Por lo tanto, *Memoria de abril* recoge poemas que nos hablan de utopías, de sueños más o menos cumplidos, de la materia más oscura que en todos existe, del mar y su salada cicatriz, de nosotros mismos en busca de nosotros mismos, del río que nos lleva mansamente al final... En definitiva, de la vida y sus raíces.

Teresa Seara

BIBLIOGRAFÍAS

I. OBRAS DE FRANCISCO X. FERNÁNDEZ NAVAL

1.1. Poesía

- *A fonte abagañada.* Ourense: Limbo, 1980.
- *Pabellón habitado.* Ferrol: Esquío, 1987.
- *Ara solis.* París: Raíña Lupa, 1996 (edición bilingüe en gallego y francés con grabados de Jaqueline Ricard. Traducción de Luz Dasilva. Publicado también en castellano en la revista *El signo del gorrión* 14, 1997: 29).
- *Días de cera.* A Coruña: Espiral Maior, 1999.
- *Mar de Lira.* Vigo: A Nosa Terra, 2005.
- *Miño.* Culleredo-A Coruña: Espiral Maior, 2007.
- *Bater de sombras.* Culleredo-A Coruña: Espiral Maior, 2010 (versión en castellano: *Golpear de sombras.* Madrid: Huerga y Fierro, 2011. Traducción de Teresa Seara. Plaquette: *Golpear de sombras.* Nueva York & Monterrey-México: Arte Poetica Press & Homo Scriptum, 2012. Traducción de Teresa Seara).
- *Suite Dublín.* México D.F.: Micielo, 2011 (edición bilingüe en gallego y castellano. Traducción del autor).
- *Suite Dublín e outros poemas.* Santiago de Compostela: Libros da Frouma, 2012.

1.2. Narrativa

    1.2.1. Novela

- *O bosque das antas.* Vigo: Xerais, 1998 (Premio Xerais de Novela 1988).
- *Tempo de crepúsculo.* Vigo: Xerais, 1993.
- *Sombras no labirinto.* Santiago de Compostela: Sotelo Blanco, 1997 (versión en castellano: *Sombras en el laberinto.* Oleiros-A Coruña: Trifolium. 2012. Traducción del autor).
- *Unha cita co aire.* Vigo: Galaxia, 2005.
- *A noite branca.* Vigo: Xerais, 2012 (Premio Federación de Libreiros de Galicia 2012).

    1.2.2. Relatos

- *Historias roubadas.* A Coruña: Everest, 1998.
- *Sete noites e un amencer.* Cesuras-A Coruña: Biblos, 2003.
- *Para seguir bailando.* Vigo: Xerais, 2009.

1.2.3. Narrativa infanto-juvenil

- *No corazón da fraga*. A Coruña: Everest, 2001 (versión en castellano *El espíritu del bosque*. A Coruña: Everest, 2002. Traducción del autor).
- *Lendas de onte, soños de mañá*. A Coruña: Everest, 2001.
- *Suso Espada: o misterio do Grial*. A Coruña: Everest, 2002 (versión en castellano *Suso Espada: el misterio del Grial*, A Coruña: Everest, 2002. Traducción del autor).
- *Suso Espada: Istambul e o cabaliño de ouro*. A Coruña: Everest, 2008 (versión en castellano: *Suso Espada: Estambul y el caballo de oro*, A Coruña: Everest, 2008. Traducción de María Jesús Fernández; versión en éuscaro: *Suso Espada: Istambul eta urrezko zalditxoa*, Aizkorri, 2009. Traducción de Alex Aldekoa-Otalora; y versión en catalán: *Suso Espada: Istambul i el cavallet d'or*, Cadí, 2009. Traducción de Jordi Sebastiá y Talavera).
- *Suso Espada*: Nota Roja. A Coruña: Everest, 2010.
- *Do A ao Z con Uxío Novoneyra*. A Coruña: Everest, 2010.
- *Suleiman y Salúa*. A Coruña: Trifolium, 2013 (Ilustraciones: Ali Ali. Edición previa: A Coruña. Galería Atlántica, 2011. Versión en castellano y árabe. Traducción al árabe de Yassin Swehat).

1.3. Ensayo

- *O mundo da pesca na literatura galega*. Oleiros-A Coruña: Centro de Documentación Domingo Quiroga-Concello de Oleiros, 1999.
- *Respirar polo idioma: os galegos e Julio Cortázar*. Ourense: Linteo, 2006 (versión en castellano *Respirar por el idioma: los gallegos y Julio Cortázar*, Buenos Aires: Corregidor, 2007. Traducción de Emilia Veiga Torre).
- *O petróglifo do Filladuiro, un enigma na pel da pedra*. Noia-A Coruña: Toxosoutos, 2008 (en coautoría con Fernando Alonso Romero y Maribel Longueira).
- *Níxer*. Vigo: Xerais, 2010 (en coautoría con Camilo Franco, Alfonso Costa y Moustapha Bello Marka).

1.4. Guías y literatura de viajes

- *Guía patrimonial da provincia da Coruña*. Vigo: Caixanova, 1996 (en coautoría con Xavier Alcalá).
- *Guía patrimonial da provincia de Ourense*. Vigo: Caixanova, 1997 (en coautoría con Camilo Franco).
- *Unha viaxe á procura do solpor –do Tambre a Fisterra*. Vigo: A Nosa Terra, 2000.
- *Rutas con sabor: Galicia*. Madrid: El País-Aguilar, 2002 (en coautoría con Maribel Chozas, Carmen Tardón y María Pilar Molestina).

- *A Coruña monumental y turística*, A Coruña: Everest, 2002 (edición trilingüe en gallego, castellano e inglés).
- *Muros, ronsel de pedra, espiral de mar.* Muros-A Coruña: Concello de Muros, 2003 (edición trilingüe en gallego, castellano e inglés. Traducción al castellano del autor, traducción al inglés de Kirty Hooper y Lourdes Lorenzo).
- *Guía de O Pereiro de Aguiar e a Ribeira Sacra de Ourense.* A Coruña: Everest, 2008.
- *Guía de Ourense.* A Coruña: Everest, 2010 (Traducción al castellano: *Guía de Ourense*, A Coruña: Everest, 2010).

1.5. Traducciones
- Amaral, José Braga (2009). *O diaño tamén sorrí.* Noia-A Coruña: Toxosoutos. (Traducción nominada a los Premios da Edición 2009).
- Poniatowska, Elena (2009). "A ruptura", *A filla do filósofo.* Vigo: Galaxia, 2009: 9-16.
- Zeller, Ludwig (2010). *Infinito presente.* Culleredo-A Coruña: Espiral Maior.
- Moreau, Manon. *Onde vas Pedro?*, en imprenta.
- Cortázar, Julio (2014). *Autoestrada do Sur.* A Coruña: Trifolium.

1.6. Presencia en páginas web
- *A noite branca.* <http://fernandeznaval.blogaliza.org/>. Blog personal del autor.
- *Mis poetas contemporáneos.* <mispoetascontemporaneos.blogspot.com.es>.
- *Gente emergente.* <www.gentemergente.com>.

2. BIBLIOGRAFÍA SOBRE LA OBRA DE FRANCISCO X. FERNÁNDEZ NAVAL

- Abeleira, Xoán (2009). "Ver sentir". *La Opinión* (27.04.2009), 13.
- Abelenda, Ana (2008). "Redescubrir a xeografía da infancia". Culturas 246. *La Voz de Galicia* (19.01.2008), 11.
- Afonso de Amorín, Esperanza (1999). "*Historias roubadas* de Francisco Fernández Naval". *Eidos do Libro* 3, 20.
- Alcalá, Xavier (2013). "A noite branca". *La Voz de Galicia* (02.07.2013), 15.
- Álvarez Torneiro, Manuel (1988). "Un 'pabellón habitado' de la poesía erótica". Cuaderno de Cultura s/n. *La Voz de Galicia* (11.02.1988).
- Anónimo (1988). "La novela galardonada con el premio Xerais aborda la postguerra en Galicia". *La Voz de Galicia* (14.11.1988), 17.

– Anónimo (1989). "Reivindicado el papel del lector en la presentación de *O bosque das antas*". *La Voz de Galicia* (01.03.1989), 29.

– Anónimo (2007). "A obra que flúe como flúe un río". *Galicia hoxe* (22.04.2007), 30.

– ---- (2010). "Fernández Naval gaña o décimo Fiz Vergara de poesía coa obra *Bater de sombras*". *La Voz de Galicia* (28.03.2010), 47.

– Araguas, Vicente (1999). "Exvotos". Revista das Letras, Artes e Ciencias 77. *O Correo Galego* (02.09.1999), 9.

– ---- (2011). "De seda e ferro". *Diario de Ferrol* (30.01.2011), 34.

– Calviño, Ignacio (1993). "*Tempo de crepúsculo* de Fernández Naval". Revista das Letras 32. *El Correo Gallego* (02.99.1993), 32.

– Campos, Leo F. (2009). "Un acontecer vital con ton autobiográfico". Nós 21. *Xornal de Galicia* (02.05.2009), 5.

– Caneiro, Xosé Carlos (2005). "De etiqueta". Culturas 136. *La Voz de Galicia* (19.11.2005), 12.

– ---- (2008). "Luces e bohemia". Culturas 248. *La Voz de Galicia* (02.02.2008), 10.

– ---- (2009). "Realidade". Culturas 331. *La Voz de Galicia* (19.09.2009), 15.

– Carballa, Xan (2005a). "Aínda está por escribir a grande obra galega sobre o mar". *A Nosa Terra* 1181 (del 23 al 29.06.2005), 29.

– ---- (2005b). "Entrevista a Francisco X. Fernández Naval". *A Nosa Terra* 1182 (del 30.06 al 6.07. 2005), 29.

– ---- (2006). "Os autores galegos exiliados influíron nas ideas literarias de Cortázar". *A Nosa Terra* 1234 (del 7 al 13.09.2006), 29.

– Casa Grande, Ada (2011). "O detective Suso Espada e o mal de ollo". *Galicia Hoxe* (09.01.2011), 6.

– De Castro Erroteta, X.M. (1998). "Encontros na Ribeira Sacra". *A Nosa Terra* 818 (19.02.1998), 24-25.

– Dopico, Montse (2013). "A novela ten un papel fundamental na recuperación da memoria das colectividades que non puideron contar a súa historia". *Praza pública*. <http://praza.com>, consulta: 21.04.2013.

– Enríquez, Xosé Manuel (1993). "*Tempo de crepúsculo*". Faro da Cultura XXX. Faro de Vigo (18.12.1993), 3.

– Estévez-Saá, José Manuel (2010). "A prosa de Fernández Naval soa a poesía". *El Correo Gallego* (01.07.2010), 50.

– Eyré, Xosé M. (2005). "A emoción das lembranzas". *A Nosa Terra* 1198 (del 17 al 23.11.2005), 26.

– ---- (2009). "Pedazos de vida". *A Nosa Terra* 1354 (del 09 al 15.04.2009), 26.

– ---- (2013a). "A noite branca, Cela, e as dimensións da vida". *Ferradura en tránsito.* <http://xmeyre.blogaliza.org>, consulta 29.04.2013.

– ---- (2013b). "Unha novelaza nunha lata de marmelo". *Galicia confidencial.* <http://tendencias.galiciaconfidencial.com>, consulta 05.05.2013.

– F.A. (2013). "Os libreiros premian a novela A noite branca de Francisco Fernández Naval". *La Voz de Galicia* (22.04.2013), 27.

– Feijóo, Raquel (2012). "Unha lata de marmelo que agochaba os fíos argumentais dunha novela histórica cosida con retazos de ficción". *Tempo de lecer Ourense* <http://www.tempodelecerourense.com>, consulta: 14.12.2012.

– Fernán Vello, Miguel Anxo (2010a). "Poética da sombra". *Galicia Hoxe* (24.11.2010), 3.

– ---- (2010b). "Guía de Ourense". *Galicia Hoxe* (21.12.2010), 3.

– Fernández, Paula (2003). "O retorno do mito". Faro da Cultura 29. *Faro de Vigo* (09.02.2003), VII.

– Fernández, Xurxo (2009). "Chisco Fdez. Naval, o home tranquilo". El Correo 2. *El Correo Gallego* (08.03.2009), 6-7.

– Franco, Camilo (1998). "A vida como dirección prohibida: *Sombras no labirinto* de Francisco X. Fernández Naval". *A Trabe de Ouro* 33, 129.

– ---- (2005). "En ocasións a tradición pode ser revolucionaria". Culturas 122. *La Voz de Galicia* (13.08.2005), 10.

– ---- (2008). "Hai unha inocencia que sobrevive en nós e que nos fai ser mellores". Culturas 246. *La Voz de Galicia* (19.01.2008), 11.

– ---- (2009). "O escritor non pode evitar ser un cronista do seu tempo". *La Voz de Galicia* (17.04.2009), 51.

– ---- (2012). "Non hai que perseguir historias, están á nosa beira". *La Voz de Galicia* (14.12.2012), 40.

– Galán, Eduardo (1999). "Quen rouba a un ladrón". *Guía dos libros novos* 5, 11.

– García, Rodri (1999). "Galicia se suma a la proliferación de literatura sobre el centenario de Bogart". *La Voz de Galicia* (08.06.1999), 32.

– ---- (2003). "O Grial na Rede". Fugas. *La Voz de Galicia* (01.03.2003), 11.

– ---- (2005). "Un barco de versos navega polo mar de Lira". Culturas 122. *La Voz de Galicia* (13.08.2005), 10.

– ---- (2006). "Manane Rodríguez dirige su primera obra teatral en Galicia". *La Voz de Galicia* (18.02.2006), 54.

– ---- (2008). "O Suso Espada máis viaxeiro". Culturas 255. *La Voz de Galicia,* (29.03.2008), 13.

– ---- (2010). "Onde máis aprendín de Galicia foi en Londres, con Pérez-Barreiro". Culturas 348. *La Voz de Galicia* (16.01.2010), 16.

– ---- (2013). "Fernández Naval habla con lectores de *A noite branca*". *La Voz de Galicia* (14.03.2013), L11 (edición A Coruña).

– García Fonte, Anxos (2009). "As sombras do noso espello. Para seguir bailando". *Cultura Galega*. <Culturagalega.org>, consulta 06.05.2009.

– Guede Oliva, Manuel (1980). "Para decir de Nós vintecatro cousas". In Fernández Naval, Francisco X. (1980). *A fonte abagañada*. Ourense: Limbo, 11-16.

– Giráldez, José Miguel A. (2006). "Pola mañá non escoito a radio. Leo poesía co almorzo, para prepararme". El Correo 2. *El Correo Gallego* (05.11.2006), 13.

– Gómez, J. (2010). "As sombras interiores son máis doadas de esconxurar porque só dependen de nós". *Diario de Ferrol* (19.12.2010), 33.

– Gómez, Lupe (2010). "Nos límites da luz habita a sombra. Entrevista con Francisco X. Fernández Naval". *Galicia Hoxe* (31.12.2010), 26.

– Lezcano, Arturo (1989). "O bosque das antas toca as raíces, pero tamén se perde nos lugares comúns". *La Voz de Galicia* (05.03.1989), 104.

– Marco, Aurora (1993). "Pedraio occidental de gratitude". *La Voz de Galicia* (01.11.1993), 16.

– Maré (2010). "O prezo do noso confort". *Galicia Hoxe* (27.05.2010), 39.

– Mariño, Isabel (2005). "Coñecerse a un mesmo debe ser a meta de todos os seres humanos". *La Opinión* (28.10.2005), 62.

– Martínez, Iago (2008). "Un Seoane da Idade do Bronce. O petróglifo do Filladuiro, en Carnota, é unha maternidade única en Europa". *Xornal de Galicia* (15.12.2008), 52.

– Martínez Bouzas, Francisco (1998). "Demasiado labirinto". Revista das Letras 198. *O Correo Galego* (26.02.1998), 9.

– ---- (2005). "Citas co aire". Faro da Cultura 145. *Faro de Vigo* (08.12.2005), V.

– ---- (2006). "Literatura de sentimentos". El Correo 2. *El Correo Gallego* (27.01.2006), 17.

– ---- (2009). "No tempo vivido". Faro da Cultura 307. *Faro de Vigo* (07.05.2009), V.

– ---- (2013). "A noite branca, ceibando e enfiando lembranzas dun mundo convulso". *Novenoites*. <http://novenoites.blogaliza.org>, consulta 01.01.2013.

– Navarro, María (2009). "Condición humana". Faro da Cultura 274. *Faro de Vigo* (15.01.2009), VII.

– Nicolás, Ramón (2006). "Cortázar en nós". Faro da Cultura 163. *Faro de Vigo* (27.04.2006), V.

– ---- (2009). "O tanxible, o azaroso, o fantástico". Culturas 317. *La Voz de Galicia* (13.06.2009), 11.

– ---- (2010a). "Níxer: Radiografía do último lugar sobre a terra". Culturas 363. *La Voz de Galicia* (08.05.2010), 11.

- ---- (2010b). "Recuerdo, luego existo...". *Qué leer* 144 , 26.
- ---- (2011). "A sombra do inapreixable". *La Voz de Galicia* (13.01.2011), 53.
- ---- (2013). "A memoria nunha caixa de marmelo". Culturas 515. La *Voz de Galicia* (27.04.2013), 9.
- Oliveira, V. (2009). "Para seguir bailando". *Galicia Hoxe* (24.03.2009), 37.
- Pachá, Francis (2009). "Entrevista con Francisco Fernández Naval, autor de *Suso Espada. Nota Roja*". *Everest noticias & novedades 33*, 4.
- Pallarés, Pilar (1998). "Ainda existe o país da Marcelina?". *A Nosa Terra* 828 (30.04.1998), 21.
- Pardo, Guillermo (1989). "Fernández Naval, un autor na procura de lectores". *La Voz de Galicia* (21.05.1989), 107.
- Pereira, Víctor Campio (2012). "Francisco Xosé Fernández Naval: A noite branca". *A Trabe de Ouro* 92, 613.
- Pérez García, Carina (2008). "Rescatar las lenguas, un reto intelectual". Noticias. *Voz e imagen de Oaxaca* (20.11.2008), 3.
- Ponte, Pilar (2010). "Mantendo a ollada. Viaxes e aventura humanitaria". Faro da Cultura. *Faro de Vigo* (03.06.2010), VI.
- Raña, Román (1999). "Días derretidos". *Guía dos Libros Novos* 11, 27.
- ---- (2012). "Violencia e saudade". Saberes 6. *La Opinión* (20.10.2012).
- Requeixo, Armando (2003). "Memoria dos límites". Faro da Cultura. *Faro de Vigo* (17.04.2003), IV.
- ---- (2005). "Mar de Lira". Faro da Cultura 138. *Faro de Vigo* (20.10.2005), V.
- ---- (2008a). "Riografía". Faro da Cultura 241. *Faro de Vigo* (27.03.2008), V.
- ---- (2008b). "ADN Naval". Saberes. *La Opinión* (03.05.2008), 10.
- ---- (2009a). "Fernández Naval ou a (e)videncia do humano". *A Nosa Terra* 1349 (del 05 al 11.03.2009), 34.
- ---- (2009b). "Para bailar a vida". Protexta 10. *Tempos Novos*, 7.
- ---- (2009c). "Libros para ler en verán". *Tempos Novos* 147, 74-75.
- ----(2011). "Ovos de sombra". Saberes, *La Opinión* (22.01.2011), 6.
- ---- (2012). "Memoria da néboa". *El Ideal Gallego* (14.10.2012), 33.
- ---- (2013a). "Voces na noite". *El Ideal Gallego* (24.02.2013), 33.
- ---- (2013b). "Noite branca no deserto". *Criticalia*. <http://armandorequeixo. blogaliza.org>, consulta 04.05.2013.
- Rodríguez, M. (2003). "Aquel cego que bebeu o amor". Culturas 10. *La Voz de Galicia* (24.05.2003), 7.
- Rodríguez, Manuel (2013). "A intrahistoria da División Azul". *Galicia Confidencial*. <http://www.galiciaconfidencial.com/nova/12727.html>, consulta 01.01.2013.

- Rozas, Ramón (2013). "Suturando feridas". *Diario de Pontevedra* (21.03.2013).
- Sandoval, Lois (2010). "Unha viaxe ao lado escuro". *Galicia Hoxe* (28.03.2010), 29.
- Suárez, Martiño (2005). "Eloxio da amizade masculina". Culturas 133. *La Voz de Galicia* (29.10.2005), 12.
- Thompson, John Patrick (2013). "Reimaginando la nación gallega a través de la Segunda República y el trauma del fascismo". *Confluencia* 1: 56-68.
- Torre, Sonia (2005). "Esta novela é o meu traballo máis difícil". *La Región* (17.11.2005), 17.
- Valcárcel, Marcos (1998). "Paisaxe e memoria en dúas novelas". *O Correo Galego* (20.02.1998), 3.
- Valcárcel, Xulio (1987). "Solapa". In Fernández Naval, Francisco X. (1987). *Pabellón habitado*. Ferrol: Esquío.
- ---- (1988-1990). "O bosque das antas de Fernández Naval". *Luzes de Galiza* 14/15, 42.
- ---- (1999). *"Días de cera"*. La Ventana. *El Ideal Gallego* (01.08.1999), 6.
- ---- (2008). "Miño". *El Ideal Gallego* (31.08.2008), 4.
- Veiga, Eva (2005). "Mar de Lira". *El Correo Gallego* (29.09.2005), 68.
- Vidal, Manuel (2009). "O escritor comprométese co seu tempo". *La Región* (16.03.2009).
- Vidal, Nicolás (2010). "A sombra hai que combatila e vivir na luz, pero un día pode decidir mirala aos ollos". *Diario de Ferrol* (01.04.2010), 14.
- ---- (2013). "A División Azul era un tema da nosa historia e alguén tiña que contar o que sucedeu". *Diario de Ferrol* (26.02.2013), 26.
- Vidal Villaverde, Manuel. "Conversas contemporáneas. Francisco Fernández Naval, escritor". *Galicia Hoxe* (30.08.2010), 28.
- Vilavedra, Dolores (2013). "A noite branca, entre a historia e a literatura". *Praza pública.* <praza.com>, consulta 28.03.2013.
- X.L. (1996). "Ara Solis: o valor da pedra nas culturas". *O Correo Galego* (31.07.1996), 37.

A FONTE ABAGAÑADA

FUENTE ESTÉRIL

(1980)

[1]

Nós, os daquela
xa non somos os mesmos
Pablo Neruda

Dígoche agora,
dende esta ausencia apenas compartida
por min mesmo,
que o ceo está baleiro,
que a bandeira da patria
antonte foi queimada,
que o tempo vai pasando
copulando co medo
e o mar, xa non é o mar
doutros invernos.

Dígoche agora,
compañeira do vento,
que non virá o profeta que esperabamos.

Estou triste esta noite
e non quero escoitar a Leonard Cohen.
Estou triste esta noite
no silencio. Estou só e non brillan
estrelas nerudianas. Estou farto e non digo
que a quixen, pero talvez a quero.

Berro, iso si,
que nós os derradeiros
xa non somos os mesmos,
rosario de agoiros que se foron
coa tarde, co serán dun outono
que nos deixou a todos
o seu ferro nas gorxas
e na fronte o misterio
da nosa soidade
de reloxos sen tempo.

[1]

Nosotros, los de entonces
ya no somos los mismos
Pablo Neruda

Te digo ahora,
desde esta ausencia apenas compartida
por mí mismo,
que el cielo está vacío,
que la bandera de la patria
anteayer fue quemada,
que el tiempo va pasando
copulando con el miedo
y el mar, ya no es el mar
de otros inviernos.

Te digo ahora,
compañera del viento,
que no vendrá el profeta que esperábamos.

Estoy triste esta noche
y no quiero escuchar a Leonard Cohen.
Estoy triste esta noche
en el silencio. Estoy solo y no brillan
estrellas nerudianas. Estoy harto y no digo
que la quise, pero tal vez la quiero.

Grito, eso sí,
que nosotros los últimos
ya no somos los mismos,
rosario de augurios que se fueron
con la tarde, ocaso de un otoño
que nos dejó a todos
su hierro en las gargantas
y en la frente el misterio
de nuestra soledad
de relojes sin tiempo.

E dígoche tamén
compañeira na esperanza
que un mariñeiro tolo
se perdeu nunha praia
onde a area agarima,
onde as ondas reclaman
cos seus beizos de nácar
unha aperta de bágoas.

Estou só esta noite
recollido nas tebras
no recuncho dos soños...

[2] AS VERBAS CONSENTIDAS

Fáloche a ti,
muller que namoraches ao vento,
dende esta miña cadea de esperanzas,
fáloche coa voz entrecortada
pola néboa,
fáloche agora no gume dos oitenta caraveis
de sangue nas olladas
dos mortos.
Fáloche e digo verbas
de soños agardados no rincón dun berro,
muller de terra e lume,
sementeira de doces bolboretas
que agariman o ar, nos desperfectos
das horas cotiás...

Fáloche a ti,
que renuncias a toda escravitude
na espera dun mencer de auga,
fáloche a ti,
soedade da tarde, derradeiro consolo
deste sol clandestino, inesperado,

Y te digo también
compañera en la esperanza
que un marinero loco
se perdió en una playa
donde la arena acaricia,
donde las ondas reclaman
con sus labios de nácar
un abrazo de lágrimas.

Estoy solo esta noche
recogido en las tinieblas
en el rincón de los sueños.

[2] PALABRAS CONSENTIDAS

Te hablo a ti,
mujer que enamoraste al viento,
desde esta cárcel mía de esperanzas,
te hablo con la voz entrecortada
por la niebla,
te hablo ahora, en el filo de los ochenta claveles
de sangre en las miradas
de los muertos.
Te hablo y digo palabras
de sueños guardados en el rincón de un grito,
mujer de tierra y fuego,
siembra de dulces mariposas
que acarician el aire, en los desperfectos
de las horas cotidanas...

Te hablo a ti
que renuncias a toda esclavitud
en la espera de un amanecer de agua,
te hablo a ti,
soledad de la tarde, postrer consuelo
de este sol clandestino, inesperado,

que alumea lembranzas dun pasado
por vir. Dígoche agora
que sempre haberá estrelas
que nos leven deica o mar,
e faíscas de lume
para quentar a alma desfeita polas bágoas.

Hai que seguir batendo os camiños do tempo,
esquencendo os reloxos, perdendo o paso,
pero sempre adiante, destino ineludible,
cos compañeiros, humanos, minotauros,
e compartir as forzas.
Hai que seguir por entre as tebras.

Fáloche agora,
coas verbas consentidas polos beizos da fame,
a ti, muller que namoraches ao vento.

[3]

Diariamente
refago a túa imaxe en fonemas
de vento, recollo as túas formas
en crónicas de sol. Baixo as cerdeiras,
alá na aira vella, reinvento o teu corpo,
repoño os adxectivos que as pombas
me contaron cando chegou o verán.

Fago lume coas faíscas do aliento,
o teu aliento, que quedou nos niños
dos meus ollos.
Escribo nas paredes,
con letras clandestinas, o teu nome
e fago con acordes de soños
un máxico vestido branco.

que ilumina recuerdos de un pasado
por venir. Te digo ahora
que siempre habrá estrellas
que nos lleven hasta el mar,
y partículas de lumbre
para calentar el alma deshecha por las lágrimas.

Hay que seguir golpeando los caminos del tiempo,
olvidando los relojes, perdiendo el paso,
pero siempre adelante, destino ineludible,
con los compañeros, humanos, minotauros,
y compartir las fuerzas.
Hay que seguir por entre las tinieblas.

Te hablo ahora,
con las palabras consentidas por los labios del hambre,
a ti, mujer que enamoraste al viento.

[3]

Diariamente
rehago tu imagen en fonemas
de viento, recojo tus formas
en crónicas de sol. Debajo de los cerezos,
allá en el prado antiguo, reinvento tu cuerpo,
repongo los adjetivos que las palomas
me contaron cuando llegó el verano.

Hago lumbre con la yesca del aliento,
tu aliento, que quedó en los nidos
de mis ojos.
Escribo tu nombre en las paredes,
con letras clandestinas
y coso con acordes de sueños
un mágico vestido blanco.

Nos silencios,
na mesa do café
recocho das apertas longas,
no banco da Alameda,
coas mapoulas novas, deixo xurrar
ese torrente de escuma que me inunda,
coma un mar de ondas furtivas
que enche as nosas veas
de espellos transparentes, espallando
pola rúa o noso andar de fillos da suor
e o paso cebra.

Seméllasme laberca
ou campanario sereno, repousado...

Diariamente
(dígoche en confidencia)
repaso as túas húmidas constantes, coa tenrura
coa que a noite recupera as sombras.

Diariamente
repoño os teus salaios
no meu vaso e gardo as túas flores
en fornelas de luz.
Diariamente semento a túa imaxe
nos meus eidos para ser o teu arado
cando chegue o tempo.

[4] PRELUDIO

Atoparasme unha mañá
ao pé desa escaleira de ferro e de carraxe,
cos ollos traspasados polo lume e a mirada ausente.

Atoparasme confundido polo alcol
e o café das longas madrugadas,

En los silencios,
en la mesa del café,
rincón de los prolongados abrazos,
en el banco de la Alameda,
con las amapolas nuevas, dejo brotar
ese torrente de espuma que me inunda,
como un mar de ondas furtivas
que llena nuestras venas
de espejos transparentes, extendiendo
por la calle nuestro andar de hijos del sudor
y el paso de cebra.

Te pienso alondra
o campanario sereno, reposado...

Diariamente
(te digo en confidencia)
repaso tus húmedas constantes, con la ternura
con que la noche recupera las sombras.

Diariamente
repongo tus gemidos
en mi vaso y guardo tus flores
en urnas de luz.
Diariamente siembro tu imagen
en mis huertos para ser tu arado
cuando llegue el tiempo.

[4] PRELUDIO

Me encontrarás una mañana
al pie de esa escalera de hierro y de coraje,
con los ojos traspasados por el fuego y la mirada ausente.

Me encontrarás confundido por el alcohol
y el café de las largas madrugadas,

e vereite chegar co teu foulard
e o rímmel de tanto desencanto por única medalla.

E falarasme sorrisos e agarimos,
e baixo os nosos sombreiros de éter e cotón
convidareite a unha viaxe, compartindo
o pailebote branco de bandeira azul
ao máis doce rincón da nosa patria.

Quizais matemos así os nosos silencios
de chumbo, as nosas anguriantes teimas que se expanden
pola barra do bar, en círculos concéntricos de fume
de cigarro e alma equidistante de si mesma.

Si, probablemente así, con acios de tempo nas lapelas,
conqueriremos trocar a nosa soedade en auga.

E ao carón do vento escribireiche no ar un verso en homenaxe,
convivindo coa saudade nos mesóns da noite,
e unha esmorga clandestina fará do noso soño unha aventura
ilícita neste universo provincián chamado Ourense,
parada e fonda, esencia endexamais obxectivable.

Verémonos chegar, unha mañá de ferro,
no espello da conciencia colectiva,
como anduriñas novas que percorren
o espazo xeométrico do mapa, o cartafol
e a máquina que repenica de súpeto e nos chama
a espertar. Verémonos chegar coma folerpas lenes,
ao pé das carballeiras, escomenzando a nosa romaría
de ledicias gardadas no caixón da fame.

Verémonos chegar quizais como quen somos,
terra de longos e doces sentimentos,
e quedaremos presos dalgún abrente limpo
na máis oculta oquedade dunha estrela,
xa sen pasado de medo e de misterio,
no preludio da nosa propia e virxe sinfonía.

y te veré llegar con tu foulard
y el rímmel de tanto desencanto por única medalla.

Y me hablarás sonrisas y caricias,
y bajo nuestros sombreros de éter y algodón
te invitaré a un viaje, compartiendo
el paquebote blanco de bandera azul
al más dulce rincón de nuestra patria.

Quizás matemos así nuestros silencios
de plomo, nuestras penosas obsesiones que se expanden
por la barra del bar, en círculos concéntricos de humo
de cigarro y alma equidistante de sí misma.

Sí, probablemente así, con racimos de tiempo en las solapas,
conseguiremos cambiar nuestra soledad en agua.

Y junto al viento te escribiré en el aire un verso en homenaje,
conviviendo con la nostalgia en los mesones de la noche,
y una fiesta clandestina hará de nuestro sueño una aventura
ilícita en este universo provinciano llamado Ourense,
parada y fonda, esencia nunca objetivable.

Nos veremos llegar, una mañana de hierro,
en el espejo de la conciencia colectiva,
como golondrinas nuevas que recorren
el espacio geométrico del mapa, el cartapacio
y la máquina que tañe de repente y nos llama
a despertar. Nos veremos llegar como lentos copos de nieve,
al pie de los robledos, comenzando nuestra romería
de alegrías guardadas en el cajón del hambre.

Nos veremos llegar quizás como quien somos,
tierra de largos y dulces sentimientos,
y quedaremos presos de algún amanecer limpio
en la más oculta oquedad de una estrella,
ya sin pasado de miedo y de misterio,
en el preludio de nuestra propia y virgen sinfonía.

[5] SETENTA E DOUS

E fixémonos homes
na fulminante explosión das balas contra o peito
no espreitar dun sol adoecido
por un pranto de lume
que queimaba os ollos do mundo.

Bañámonos no sangue derramado
por séculos de ferro.

Setenta e dous
a porta do abrente
ou do inferno.

Foron
setenta e dous coitelos
para rachar o corazón da xente.

Setenta e dous disparos
para facernos patria.

Setenta e dúas bágoas
para espertar a un pobo.

Setenta e dúas horas
de espera ao pé do muro
onde fixeron a súa ofrenda os heroes.

[6]

Agora
todos ficamos presos
dun longo sentimento colectivo
de medo.

[5] SETENTA Y DOS

Y nos hicimos hombres
en la fulminante explosión de las balas contra el pecho
en el acechar de un sol desesperado
por un llanto de lumbre
que quemaba los ojos del mundo.

Nos bañamos en la sangre derramada
por siglos de hierro.

Setenta y dos
la puerta del amanecer
o del infierno.

Fueron
setenta y dos cuchillos
para romper el corazón de la gente.

Setenta y dos disparos
para hacernos patria.

Setenta y dos lágrimas
para despertar a un pueblo.

Setenta y dos horas
de espera al pie del muro
donde hicieron su ofrenda los héroes.

[6]

Ahora
todos quedamos presos
de un largo sentimiento colectivo
de miedo.

Agora
todos senlleiros
nesta selva de tépeda ignorancia.

Agora
soamente todos
máis lonxe
e todos máis ausentes,
emigrantes na noite
e, nembargantes, todos compañeiros
na arca deste berro.

[7]

Muller que tanto amo e que non teño
A. Cribeiro

Irán pasando as meigas,
minutiños de tempo acribillados
por ausencias, irán pasando as doces
bolboretas dun inverno que quixo escravizarnos
baixo o seu longo ollar senlleiro.

E ti seguirás a baixar polos camiños
dunha montaña de cristal
á procura dun ouropel
de nardos ou dunha longa corredoira
de guitarras,
mentres o río baixará verde-roxo,
augas crispadas por tanto desconcerto,
enchéndose coas bágoas dos piñeiros tristes.

Muller que tanto amo e que non teño,
silencio,
só o silencio contesta silandeiro,
lingua de rabia.

Ahora
todos solitarios
en esta selva de templada ignorancia.

Ahora
solamente todos
más lejos
y todos más ausentes,
emigrantes en la noche
y, sin embargo, todos compañeros
en el arca de este grito.

[7]

Muller que tanto amo e que non teño
A. Cribeiro

Irán pasando brujas,
minutos de tiempo acribillados
por ausencias, irán pasando las dulces
mariposas de un invierno que quiso esclavizarnos
bajo su prolongado y solitario mirar.

Y tú seguirás bajando los caminos
de una montaña de cristal
a la búsqueda de un oropel
de nardos o de un largo sendero
de guitarras,
mientras el río descenderá verde-rojo,
aguas crispadas por tanto desconcierto,
llenándose con las lágrimas de los pinares tristes.

Mujer que tanto amo y que no tengo,
silencio,
solo el silencio contesta callado,
lengua de rabia.

Quen fora Humphrey Bogart! para dicir
co desdén na punta do cigarro
e o afecto escondido no sobaco:
muller que teño tanto e que non amo.
Ou poder berrar:
muller que amo e teño,
sen misterios, e xogar co pracer
de namorarnos.

¡Quién fuese Humphrey Bogart! para decir
con el desdén en la punta del cigarro
y el afecto escondido en el sobaco:
mujer que tengo tanto y que no amo.
O poder gritar:
mujer que amo y tengo,
sin misterios, y jugar con el placer
de enamorarnos.

PAVILLÓN HABITADO

PABELLÓN HABITADO

(1987)

[8]

Chámote ausencia,
aceiro, labirinto,
país sen liberdade, verso...

[9] PEDRA

*Foi fermoso e urxente en moitas épocas
envolver na épica e destino a vulgaridade das orixes
Ramón Otero Pedrayo*

Golpeando na pedra
esquecemos percorrer camiños exteriores,
periplos de ida
dende o fondo
do corpo.
Agarimando a rocha,
erguendo memorandos pedernais
de mena soleada
e ollos nus,
deixamos escapar
unha pantasma garrida,
motor da identidade.
E agora,
poderemos morrer de amor
en Compostela,
pedraio occidental
de gratitude,
mentres o mar
seguirá reclamando os nosos barcos,
naos e bandeiras de soño
e xuventude,
derrotas de ultramar
ronsel aberto.

[8]

Te llamo ausencia,
acero, laberinto,
país sin libertad, verso...

[9] PIEDRA

*Foi fermoso e urxente en moitas épocas
envolver na épica e destino a vulgaridade das orixes*
Ramón Otero Pedrayo

Golpeando la piedra
olvidamos recorrer caminos exteriores,
periplos de ida
desde el fondo
del cuerpo.
Acariciando la roca,
elevando memorandos pedernales
de mena soleada
y ojos desnudos,
dejamos escapar
un airoso fantasma,
motor de identidad.
Y ahora,
podremos morir de amor
en Compostela,
piedra occidental
de gratitud,
mientras el mar
seguirá reclamando nuestros barcos,
naos y banderas de sueño
y juventud,
derrotas de ultramar
estela abierta.

[10] AGARDAREI

Agardarei sentado aquí
               polo silencio,
cada palabra non dita
pesará no corazón como un desterro.
Recollerei as linguas degoladas
as bocas pechadas que xamais mentiron.
E neste refuxio último,
               coroado de pedras e migrañas,
espreitarei o retorno do vapor
que vos levou ao éxodo.

[11] DEITÁRONSE NO MAR

Deitáronse no mar
como encarnadas navallas
e deixáronse mexer pola escuma.
Remataran co sol
coallando
nos ollos acendidos
as galernas e o mundo.
Agora,
refeitos nos argazos
entre vermellos cantos
               de cristal,
coleccionaban
tempestades e vellos desembarcos,
nordesías e aventuras vividas
coa dor a sotavento,
antes de afundirse para sempre
no abisío.

[10] AGUARDARÉ

Aguardaré sentado aquí
               por el silencio,
cada palabra no dicha
pesará en el corazón como un destierro.
Recogeré las lenguas degolladas
las bocas cerradas que jamás mintieron.
Y en este refugio último,
               coronado de piedras y migrañas,
observaré el retorno del vapor
que os llevó al éxodo.

[11] SE ACOSTARON EN EL MAR

Se echaron sobre el mar
como encarnadas navajas
y se dejaron mecer por la espuma.
Habían agotado el sol
coagulando
en los ojos encendidos
las galernas y el mundo.
Ahora,
rehechos en los sargazos
entre rojos cantos
               de cristal,
coleccionaban
tempestades y viejos desembarcos,
nordestías y aventuras vividas
con el dolor a sotavento,
antes de hundirse para siempre
en el abismo.

[12]

Entre crer
e non crerte,
hai un lixeiro vaivén de soidades,
entre afirmarte ou negarte
media tan só un soño,
un esbarar a garda e xa apareces
desdobrando a conciencia
porén
rexeito a túa teima,
quero afondar no túnel da soidade mesta,
no corazón da nada.

[13] PAVILLÓN HABITADO

O pavillón amenceu habitado. Os migradores lonxanos, sen acougo, aqueles que debuxaran sanguinalmente universos de sal, reconstruíron o albor e sentaron na herba. As bambinelas esfiadas, descoloridas, semellaban un ornamento tráxico, parafernalia do retorno. Aquelas xentes doces -fillos do ar e balbores de ámbar-, nenos co sorriso triste e ceibe, baldeiraron de cascullos cada soño e desentrelaron a alfombra da esperanza polo espazo do pavillón habitado. Tras de vivir axeito nas metrópoles, cargados de ausencia, cada quen recuperou unha existencia propia, unha conciencia axeitada do seu corpo, da súa ubicación no tempo...

Como un orballo lene e sen fronteira, calando fondo nos currunchos, no cartafol, no adro, agromando as memorias compartidas e os astrolabios de brétema, transcurriu o seu tempo.

Un día bailaron, bailaron ata o mencer, enfeitados de pérolas e lúa, mulleres, homes, nenos, abandonaron o ánimo nun vágado ancestral.

[12]

Entre creer
y no creerte,
hay un ligero vaivén de soledades,
entre afirmarte o negarte
media tan solo un sueño,
un bajar la guardia y ya apareces
desdoblando la conciencia
sin embargo
rechazo tu insistencia,
quiero ahondar en el túnel de la densa soledad,
en el corazón de la nada.

[13] PABELLÓN HABITADO

El pabellón amaneció habitado. Los migradores lejanos, sin descanso, aquellos que habían dibujado sanguinalmente universos de sal, reconstruyeron la mañana y se sentaron en la hierba. Las bambalinas deshilachadas, descoloridas, parecían un ornamento trágico, parafernalia del retorno. Aquellas dulces gentes –hijos del aire y susurros de ámbar-, niños con sonrisa triste y libre, vaciaron de cascajos cada sueño y extendieron la alfombra de la esperanza por el espacio del pabellón habitado. Después de vivir ajenos a las metrópolis, cargados de ausencia, cada quien recuperó una existencia propia, una conciencia adecuada de su cuerpo, de su ubicación en el tiempo...

Como una llovizna suave y sin frontera, calando hondo en los rincones, en la cartilla, en el atrio, brotando las memorias compartidas y los astrolabios de niebla, transcurrió su tiempo.

Un día bailaron, bailaron hasta el amanecer, adornados con perlas y con luna, mujeres, hombres, niños, abandonaron el ánimo en un vértigo ancestral.

Ninguén ergueu bandeiras. Ao vello pavillón habitado de outono non lle cumprían símbolos. Os estigmas ficaron na reigada, no peitoril da ponte. E as mans, aquelas mans noutra hora furtivas, agarimaban os corpos como oleiros, refacían cadencias sensuais no transitar das sombras. Si, incomprensiblemente, despois do voo da aguia, o pavillón amenceu habitado.

[14] IODABAL

O contrarritmo da chuvia
abalaba tristemente ao mar na balaustrada.

    -Calquera onda é boa para morrer
    ou iniciar un periplo sen retorno-

Había un home, detrás daquel cristal
había un home que ollaba cara a min
con frialdade, e o mar arrolado
pola chuvia sufría pesadelos.

    -Unha onda pode ser como un silencio
    longo e maino,
    un silencio pode acoller nos seus pregues
    unha vida enteira, ou derramar un salouco
    ou non ser nada-

O home que axexaba destrozou contra o chan
unha cabicha e logo reafirmou a frialdade.
O seu silencio era quedo.
O seu silencio era a incomprensión
no rostro mentres eu xogaba con gardar
o amor no andel do armario.

O contrarritmo fíxose compasado,
lineal, monótono, e a tarde
saíu do barracón dando un portazo.

Nadie levantó banderas. El viejo pabellón habitado de otoño
no precisaba de símbolos. Los estigmas quedaron en la cañada,
en el antepecho del puente. Y las manos, aquellas manos otrora
furtivas, acariciaban los cuerpos como alfareros, rehacían cadencias
sensuales en el transitar de las sombras. Sí, incomprensiblemente,
después del vuelo del águila, el pabellón amaneció habitado.

[14] IODABAL

El contrarritmo de la lluvia
mecía tristemente al mar en la balaustrada.

-Cualquier onda es buena para morir
o iniciar un periplo sin retorno-

Había un hombre, detrás de aquel cristal
había un hombre que miraba hacia mí
con frialdad, y el mar mecido
por la lluvia sufría pesadillas.

-Una onda puede ser como un silencio
largo y suave,
un silencio puede acoger entre sus pliegues
una vida entera, o verter un sollozo
o no ser nada-

El hombre que espiaba destrozó contra el suelo
una colilla y después reafirmó la frialdad.
Su silencio era reposado.
Su silencio era la incomprensión
en el rostro mientras yo jugaba a guardar
el amor en el estante del armario.

El contrarritmo se hizo acompasado,
lineal, monótono, y la tarde
salió del barracón dando un portazo.

O mar diante de min humanizouse.
Deitada no diván
como serea de labres degorados,
unha vella paixón
ancorouse no tempo.

-Daquela o silencio da onda
foi como un silencio
eterno-

[15] RETROCEDÍN Á ORIXE ONDE O VERÁN PRENDE CORES NA CARBALLEIRA MESTA E O BALBOR DO CACHÓN, NO QUE SE BAÑAN ADOLESCENTES RISOS, ESBARA POLA FRAGA

Voltei ao comezo,
hai un recanto letal onde a memoria se perde,
baixo cores de verán
na magnitude das cousas.
Aqueles rostros amigos, arrecendos de onte,
esváense no pasar
inhóspito do tempo.
Viaxei cara ao interior
polo aveso dun mar sen horizonte.
Alí o murmurio das voces esquecidas
tórnase gris,
desorde, querencias ancoradas no lindeiro dos soños.
Retrocedín á orixe,
onde a conciencia se transforma en fronteira,
corpos dourados de adolescentes espidos
compoñían espazos cos seus xestos perfectos
nas augas daquel río.
Peregrinei ao principio,
nunha andadura de amor
por unha chaira de ventos e corredores abertos
nos que non hai ninguén,
onde a luz do solpor se atopa co baleiro.

El mar delante de mí se humanizó.
Tendida en el diván
como sirena de labios deseados,
una vieja pasión
se ancló en el tiempo.

-Entonces el silencio de la onda
fue como un silencio
eterno-

[15] RETROCEDÍ AL ORIGEN DONDE EL VERANO ENCIENDE COLORES EN EL ESPESO ROBLEDAL Y EL BARULLO DE LA CASCADA, EN LA QUE SE BAÑAN RISAS ADOLESCENTES, RESBALA POR EL BOSQUE

Volví al comienzo,
hay un rincón letal donde la memoria se pierde,
bajo colores de verano
en la magnitud de las cosas.
Aquellos rostros amigos, aromas de ayer,
se diluyen en el pasar
inhóspito del tiempo.
Viajé hacia el interior
por el reverso de un mar sin horizonte.
Allí el murmullo de las voces olvidadas
se vuelve gris,
desorden, querencias ancladas en el borde de los sueños.
Retrocedí al origen,
donde la conciencia se transforma en frontera,
cuerpos dorados de adolescentes desnudos
componían espacios con sus gestos perfectos
en las aguas de aquel río.
Peregriné al principio,
en una andadura de amor
por una planicie de vientos y senderos abiertos
en los que no hay nadie,
donde la luz del atardecer se encuentra con el vacío.

[16] MISTERIÓN

Nada do anterior é certo.
Somos confusos, mentimos canto vivo.

A lúa encherá os areais con luz acoitelada,
virá entón o silencio.
Non sangrarán daquela os nosos brazos.
Sangrará o silencio.
Dende o seu mastro, esbarará como o
testemuño
insólito do amor.

-Será escura a verdade-

[17] RAPAZA NA FENESTRA, SEGUNDO O AZUL DOS SOÑOS DE SALVADOR DALÍ

I
Azul.
Intenso azul nos teus pregues abertos,
unha curva espida na fenestra,
recendentes coma un desexo.

II
Soñabas por sorte con mirarte
nun espello ou con voar –portas adentro–
o universo. Soñabas con vivir
dende o teu pé de esparto ata o cabelo
azul recollido en silencios de luz
e arrecendo de estío. Soñabas con gozar
dun mar adolescente, coma o teu tempo
cuberto de sol e augamariña nos teus
ollos secretos.

[16] MISTERIÓN

Nada de lo anterior es cierto.
Somos confusos, mentimos cuanto vivo.

La luna llenará los arenales con luz acuchillada,
vendrá entonces el silencio.
No sangrarán nuestros brazos.
Sangrará el silencio.
Desde su mástil, resbalará como el testigo
insólito del amor.

-Será oscura la verdad-

[17] MUCHACHA EN LA VENTANA, SEGÚN EL AZUL DE LOS SUEÑOS DE SALVADOR DALÍ

I
Azul.
Intenso azul en tus pliegues abiertos,
una curva desnuda en la ventana,
olorosos como un deseo.

II
Soñabas por suerte con mirarte
en un espejo o con volar —puertas adentro–
el universo. Soñabas con vivir
desde tu pie de esparto hasta el cabello
azul recogido en silencios de luz
y aroma de estío. Soñabas con gozar
de un mar adolescente, como tu tiempo
cubierto de sol y aguamarina en tus
ojos secretos.

III
Navegar como o baixel
ata un ceo enfeitado de grinaldas
escudindo a monótona luz do mediodía.
Voar dende as madeiras do leito
por enriba do monte horizontal
provocador dos delirios, a un tempo inesperado
e branco. Ser o coral, a pérola da brisa,
nadar coma un golfiño no xogo do amor.

IV
Azul,
relanzo azul no tálamo da tarde
e o sol agarimándoche as coxas
no peitoril dos soños.

[18]

O amor
é un crime necesario

[19] DÉIXAME ESTAR CONTIGO, CAER INVERTEBRADO NESTE LEITO DE FUME ONDE SE FAI O MISTERIO

Xa vai vencido o día
vai derrotada a memoria e pérdenos o silencio
-a lembranza illada é peor que o silencio.
Coma corpo de auga se desfai esta imaxe,
como alma de vento entre os mestos ciprestes
se desfará este outono que me dan para amarte.

Déixame estar vencido pero nunca distante.
Quero estar vencellado co teu corpo presente

III
Navegar como bajel
hasta un cielo adornado de guirnaldas
sacudiendo la monótona luz del mediodía.
Volar desde la madera del lecho
por encima del monte horizontal
provocador de los delirios, a un tiempo inesperado
y blanco. Ser el coral, la perla de la brisa,
nadar como un delfín en el juego del amor.

IV
Azul,
descanso azul en el tálamo de la tarde
y el sol acariciándote los muslos
en el antepecho de los sueños.

[18]

El amor
es un crimen necesario

[19] DÉJAME ESTAR CONTIGO, CAER INVERTEBRADO EN ESTE LECHO DE HUMO DONDE SE HACE EL MISTERIO

Ya está vencido el día
está derrotada la memoria y nos pierde el silencio
-el recuerdo aislado es peor que el silencio.
Como cuerpo de agua se deshace esta imagen,
como alma de viento entre los densos cipreses
se deshará este otoño que me dan para amarte.

Déjame estar vencido pero nunca distante.
Quiero estar vinculado con tu cuerpo presente

e xunguir as lembranzas como follas do ar
e vencer os ocasos.

Pola pel se nos vén unha cor azulada.

E eses bicos que gardo, os teus beizos que lembro
fánseme como areas
doutras praias. Quero ficar agora
cando aínda te observo desexada e carnal,
quero ficar presente no teu leito enmeigado
e vencer o silencio da lembranza illada.

Quero atopar contigo a branca serpe,
o paradiso de sal onde esconder o medo
baixo a herba mollada e as follas secretas
das lembranzas.

[20] INTIMIDADE

*Detrás de la persiana
puidera estar el Sur
J. M. Álvarez*

Ao traspasar a porta
pode atoparse un
ao pé do río,
na intimidade,
acaso nunha praza encoiada
baixo a árbore da tarde,
no berce do teu seo aberto.

y unir los recuerdos como hojas del aire
y vencer los ocasos.

Por la piel se nos viene un color azulado.

Y esos besos que guardo, tus labios que recuerdo
se me hacen arenas
de otras playas. Quiero quedar ahora
cuando aún te observo deseada y carnal,
quiero quedar presente en tu lecho embrujado
y vencer el silencio del recuerdo aislado.

Quiero encontrar contigo la serpiente blanca,
el paraíso de sal donde esconder el miedo
bajo la hierba mojada y las hojas secretas
de los recuerdos.

[20] INTIMIDAD

Detrás de la persiana
puidera estar el Sur
J. M. Álvarez

Al traspasar la puerta
uno puede encontrarse
al pie del río,
en la intimidad,
acaso en una plaza empedrada
bajo el árbol de la tarde,
en la cuna de tu seno abierto.

[21] ESPERA

Levo infindas horas agardando por ti
diante da xanela que se acobarda
baixo a chuvia,
levo toda a miña idade
agardando recibir os bicos do teu corpo
quente, mais o ar non te achega,
soño presente e sempre inacadable.

Levo séculos petando na incomprensión
das tebras, coma un anxo esgotado,
coma un ceo revolto e vestido con garabata branca.
Sei que existes, sei que te atopas nalgún rincón do espazo
ou nese mar que me acompaña pendurando do sal.

-Houbo un tempo no que os homes puideron roubarlle
o reiseñor ás carballeiras. Os camiños vían pasar os
deuses que compartían entón o leito cos mortais,
as portas estaban sempre abertas
e a luz espida-. Mais agora,
mentres transcorre manseliña a tarde, sigo agardando
impasible, a carón da fiestra do meu cuarto,
escondendo no peto o billete da fuga
por se nunca chegas.

[22] COMO DEUSA RESIDENTE DE BOSQUES E DE PRAZAS DURMIDAS, O PECADO VESTIDO DE SATÉN XOGABA CO PRACER DA LÚA

Tiñas a mirada disfrazada de orballo,
temerariamente corrías pola noite
con pétalas de foula nos teus pregues abertos,
nas regadas de auga quente
onde madurece o desexo.

[21] ESPERA

Llevo infinitas horas esperando por ti
delante de la ventana que se acobarda
bajo la lluvia,
llevo toda mi vida
aguardando recibir los besos de tu cuerpo
caliente, pero el aire no te acerca,
sueño presente y siempre inalcanzable.

Llevo siglos golpeando en la incomprensión
de las tinieblas, como un ángel agotado,
como un cielo revuelto y vestido con corbata blanca.
Sé que existes, sé que te encuentras en algún rincón del espacio
o en ese mar que me acompaña colgando de la sal.

-Hubo un tiempo en el que los hombres pudieron robarle
el ruiseñor a los robledos. Los caminos veían pasar a los
dioses que compartían el lecho con los mortales,
las puertas estaban siempre abiertas
y la luz desnuda-. Mas ahora,
mientras transcurre mansa la tarde, sigo aguardando
impasible, al lado de la ventana de mi cuarto,
escondiendo en el bolsillo el billete de la fuga
por si nunca llegas.

[22] COMO DIOSA RESIDENTE DE BOSQUES Y DE PLAZAS DORMIDAS, EL PECADO VESTIDO DE SATÉN JUGABA CON EL PLACER DE LA LUNA

Tenías la mirada disfrazada de llovizna,
temerariamente corrías por la noche
con pétalos de espuma en tus pliegues abiertos,
en los manantiales de agua caliente
donde madura el deseo.

[23] O TEU CORPO É BRANCO, DE CORREDORES LONGOS E REFLEXOS ESTRAÑOS

Apagaron a luz
e fiquei no silencio do edificio empenado
polo sono, na soidade do buró e os impresos
enchentes de prolixas respostas,
xa sen descoñecidas voces vagaceiras,
lonxanías que me fixeron tremar.
Acouguei no tránsito da noite,
na vecindade das cobras e do reloxo espido,
sentindo a virazón do teu alento
na regandixa da porta.
Ancorei o meu presaxio.
Recibín as ondas que chegaban
do teu brazo e descubrín a escuma
polos buracos abertos do teu corpo entregado.

[24] DÍAS DE NINGUÉN

Hoje me olhei no espelho
e contei três rugas no conto dos olhos.
Hoje me olhei no espelho
e como un parêntesi
havía un vinco limitando meu sorriso.
Não sei se son rugas de conten-
tamento ou rugas de sofrimento.
Só sei que a noite atormenta
e o prazer alimenta.
Merses Parente

Días de ninguén.
Días escuros confundidos na quietude do parque.
Cores e aromas maldicidos
coma soños que non recoñecemos
e negamos.

[23] TU CUERPO ES BLANCO, DE PASILLOS LARGOS Y REFLEJOS EXTRAÑOS

Apagaron la luz
y quedé en el silencio del edificio encorvado
por el sueño, en la soledad del buró y los impresos
llenos de prolijas respuestas,
ya sin desconocidas y pausadas voces,
lejanías que me hicieron temblar.
Me tranquilicé en el tránsito de la noche,
en la vecindad de las serpientes y del reloj desnudo,
sintiendo la virazón de tu aliento
en la regandija de la puerta.
Anclé mi presagio.
Recibí las ondas que llegaban
de tu brazo y descubrí la espuma
por las cavidades abiertas de tu cuerpo entregado.

[24] DÍAS DE NADIE

> *Hoje me olhei no espelho*
> *e contei três rugas no conto dos olhos.*
> *Hoje me olhei no espelho*
> *e como um parêntesi*
> *havía um vinco limitando meu sorriso.*
> *Não sei se son rugas de conten-*
> *tamento ou rugas de sofrimento.*
> *Só sei que a noite atormenta*
> *e o prazer alimenta.*
> Merses Parente

Días de nadie.
Días oscuros confundidos en la quietud del parque.
Colores y aromas malditos
como sueños que no reconocemos
y negamos.

Días falsos
nos que sobran motivos e nos fallan razóns
para ser necesarios.
Semellamos entón seres pequenos,
temerarios e sós,
cunha soidade mesta
apalpamos o noxo polas rúas espidas.
E logo está o silencio
cando pasas e rozas
e ollas para min como queréndome
e non dis nada,
non se quebra o silencio
baixo o leve sorriso.
E o medo.
E todo o vento xélido cobizando o que quixemos
dende a soleira petrucial
ao campo ermo.
Días de ninguén,
como de auga.

[25] O CEO SEMELLA UN CÁLICE BOCA ABAIXO

De novo aquí ollándote nas sombras
limpo corpo perfecto
mentres a lúa
-bandexa e cofia brancas-
nos serve a cea e o café con leite.
De novo aquí
recompoñendo
os beixos cóncavos
as pedras cegas do camiño
namentras
      xogando
         ti
            coa
                noite
para facervos brisa.

Días falsos
en los que sobran motivos y nos faltan razones
para ser necesarios.
Parecemos entonces seres pequeños,
temerarios y solos,
con una soledad densa
palpamos la náusea por las calles desnudas.
Y después está el silencio
cuando pasas y rozas
y miras hacia mí como queriéndome
y no dices nada,
no se quiebra el silencio
bajo la leve sonrisa.
Y el miedo.
Y todo el viento gélido deseando lo que quisimos
desde la entrada ancestral
al campo yermo.
Días de nadie,
como de agua.

[25] EL CIELO PARECE UN CÁLIZ BOCA ABAJO

De nuevo aquí mirándote en las sombras
limpio cuerpo perfecto
mientras la luna
-bandeja y cofia blancas-
nos sirve la cena y el café con leche.
De nuevo aquí
recomponiendo
los besos cóncavos
las piedras ciegas del camino
mientras
        jugando
            tú
                con
                    la
                        noche
para haceros brisa.

[26] O SILENCIO APODÉRASE DA CASA, NA RÚA
UN VENDAVAL DE PRIMAVERA INEXPERTA ABRAIA
OS OLLOS INTERROGANTES DUN MILLEIRO DE
XANELAS GRISES

Da túa man as lilas,
eses acios que penduran nostálxicos
que serpean cara a min dende os teus ollos
de mar. Sobre a mesa
as flores e os beizos abertos
coma praias de cristais ancorados
e baixeis de vento. Todo o amor nas pétalas
ovais desta tarde. Nese xarrón abrirán camiños
que me leven silandeiros ao teu corpo espido
baixo os sarmentos azuis e as laranxas doces.

[27] XANEIRA

Le ciel est plein ce soir de sabres d'éperons
Les canonniers s'en vont dans l'ombre lourds et prompts
Apollinaire

Pola fiestra
a farola atolda sombras longuísimas
contra as paredes do meu cuarto
pantasmas que non din nada
e que nada esperan
soamente que se funda a luz
e mesturarse coas restantes sombras.
Enriba os tacos da veciña
retumban nos ouvidos como artillería,
non son os pasos teus,
non é a sombra túa.
Todo é estraño nesta xaneira gris
que nos confunde.

[26] **EL SILENCIO SE APODERA DE LA CASA, EN LA CALLE UN VENDAVAL DE PRIMAVERA INEXPERTA SORPRENDE LOS OJOS INTERROGANTES DE UN MILLAR DE VENTANAS GRISES**

De tu mano las lilas,
esos racimos que cuelgan nostálgicos
que serpentean hacia mí desde tus ojos
de mar. Sobre la mesa
las flores y los labios abiertos
como playas de cristales anclados
y bajeles de viento. Todo el amor en los pétalos
ovales de esta tarde. En ese jarrón abrirán caminos
que me lleven silenciosos a tu cuerpo desnudo
bajo los sarmientos azules y las naranjas dulces.

[27] CELO

Le ciel est plein ce soir de sabres d'éperons
Les canonniers s'en vont dans l'ombre lourds et prompts
Apollinaire

Por la ventana
la farola proyecta sombras larguísimas
contra las paredes de mi cuarto
fantasmas que no dicen nada
y que nada esperan
solamente que se funda la luz
y mezclarse con las restantes sombras.
Arriba los tacones de la vecina
retumban en los oídos como artillería,
no son tus pasos,
no es tu sombra.
Todo es extraño en este celo gris
que nos confunde.

A farola espalla a súa tea de araña coma sabres
á espera dun parasito inerme e perdido.
Fíos de néboa abranguen os muros,
apremen os corpos
contra as sabas de ferro. Os coitelos de luz
nada poden coa ubicuidade da néboa.
No ópalo da xarra a sombra de Apollinaire
desafía á farola e faille unha chiscada
a un suposto cómplice.
No arrabaldo
o misterio agarima os recunchos
máis fértiles da cidade espida.

[28] FISTERRA. O TEU CABELO LONGO E DESFIADO
MESTURÁBASE CO MAR. PRETO DE NÓS UN
NUMEROSO BANDO DE MAZARICOS CONTEMPLABA
O SOLPOR DENDE A ATALAIA DAS ROCHAS

O sol
coma un abano
vaise poñer polo cabo do mundo.

Solpor a contratempo
un mes de mar e amor
e a terra que semella un longo verso
escrito en ouro
nunha rendición sen límites.

O sol,
tenra vítima da tarde,
vaise axeonllar
na ara dos teus ollos.

La farola extiende su tela de araña como sables
a la espera de un parásito inerme y perdido.
Hilos de niebla ocupan los muros,
oprimen los cuerpos
contra las sábanas de hierro. Los cuchillos de luz
nada pueden con la ubicuidad de la niebla.
En el ópalo de la jarra la sombra de Apollinaire
desafía a la farola y le hace un guiño
a un supuesto cómplice.
En el arrabal
el misterio acaricia los rincones
más fértiles de la ciudad desnuda.

[28] FISTERRA. TU CABELLO LARGO Y DESFILADO SE
MEZCLABA CON EL MAR. CERCA DE NOSOTROS UN
NUMEROSO BANDO DE ZARAPITOS CONTEMPLABA EL
ATARDECER DESDE LA ATALAYA DE LAS ROCAS

El sol
como un abanico
se va a poner por el cabo del mundo.

Atardecer a contratiempo
un mes de mar y amor
y la tierra que parece un largo verso
escrito en oro
en una rendición sin límites.

El sol,
tierna víctima de la tarde,
se va a arrodillar
en el ara de tus ojos.

[29] SENTEI NO TEU NIÑO NO CREPÚSCULO

Sentei no teu niño
        no crepúsculo,
sentín a túa emoción
en espiral de beixos, de latexos,
transpirando pétalas de xardíns ignorados.
Agarimei o teu luar
        -transparencia de auga-
poro a poro o teu corpo
unxido en sol, segredo, velaíño,
borboriñaba estadías acendidas
        e táctiles.
Navegueite no sangue, ata o interior
escumoso dos labres,
-o teu ventre enmusgado
  as coxas núas
  o silencio esculpido baixo o anzo perfecto
  os xeonllos lustrados polo vento da carne-
mainamente vencido no teu relanzo
        húmido.
Aventureime en ti
        -doniña fráxil,
        protexida nas follas do morogo-,
        na lagoa de seda dos teus ollos,
        a carón do teu tento
        onde o medo se perde.

[30] DESPOIS DUNHA BATALLA

No teu leito
non é preciso que xustifique nada.
Estando nos teus brazos
abonda co silencio,
no teu ventre
vivo o milagre do teu perfume,
estando nos teus beizos,
deitado no teu soño incomparable.

[29] ME SENTÉ EN TU NIDO EN EL CREPÚSCULO

Me senté en tu nido
          en el crepúsculo,
sentí tu emoción
en espiral de besos, de latidos,
transpirando pétalos de jardines ignorados.
Acaricié tu luz de luna
          -transparencia de agua-
poro a poro tu cuerpo
ungido en sol, secreto, primoroso,
borboteaba estancias encendidas
          y táctiles.
Te navegué en la sangre, hasta el interior
espumoso de los labios,
-tu vientre enmusgado
  los muslos desnudos
  el silencio esculpido bajo el arco perfecto
  las rodillas lustradas por el viento de la carne-
suavemente vencido en tu descanso
          húmedo.
Me aventuré en ti
          -frágil donicela,
          protegida por las hojas del madroño-,
          en la laguna de seda de tus ojos,
          al lado de tu tacto
          donde el miedo se pierde.

[30] DESPUÉS DE UNA BATALLA

En tu lecho
no es necesario que justifique nada.
Estando en tus brazos
me llega con el silencio,
en tu vientre
vivo el milagro de tu perfume,
estando en tus labios,
acostado en tu sueño incomparable.

DÍAS DE CERA

(1999)

[31]

Memoria,
sucesión de desterros,
tránsito de sombras.

A memoria é de tardes.
Horas incandescentes
que estreman o camiño,
coma mapoulas,
vivas
coma mapoulas.

[32] VERÁN

Verán
palabras
brisa
sombra que vai e vén
como a nostalxia túa.

[33] UNHA BÁGOA

Só quería unha bágoa,
un espello no que poder
ollar o meu silencio,
unha esperanza
no médano fértil do teu rostro.
Só unha bágoa,
saber que era por min
por quen chorabas,
só unha bágoa,

[31]

Memoria,
sucesión de destierros,
tránsito de sombras.

La memoria es de tardes.
Horas incandescentes
que extreman el camino,
como amapolas,
vivas
como amapolas.

[32] VERANO

Verano
palabras
brisa
sombra que va y viene
como nostalgia tuya.

[33] UNA LÁGRIMA

Solo quería una lágrima,
un espejo en el que poder
mirar mi silencio,
una esperanza
en la duna fértil de tu rostro.
Solo una lágrima,
saber que era por mí
por quien llorabas,
solo una lágrima,

só unha voz no aire do regreso,
a túa voz chamándome,
a miña propia bágoa.

[34] NENEZ SEN SOMBRA

Labirinto de auga,
metamorfose dos días
que ecoan na memoria.

Vinte
nun espello de luz
e comprendín que ás veces
nada explican as palabras,
pois eras ti a auga,
a luz,
o espello,
o centro nu,
o cántaro
sen sombra.

[35] A PERDA

Por onde te fugaches?,
nena de cabelo gris
e ollos de espello,
acaso polos escuros
ocos
da memoria,
polo vento que pasa,
pola dor desta ausencia?

solo una voz en el aire del regreso,
tu voz llamándome,
mi propia lágrima.

[34] NIÑEZ SIN SOMBRA

Laberinto de agua,
metamorfosis de los días
que hacen eco en la memoria.

Te vi
en un espejo de luz
y comprendí que a veces
nada explican las palabras,
pues tú eras el agua,
la luz,
el espejo,
el centro desnudo,
el cántaro
sin sombra.

[35] LA PÉRDIDA

¿Por dónde te fugaste?,
niña de cabello gris
y ojos de espejo,
¿acaso por los oscuros
huecos
de la memoria,
por el viento que pasa,
por el dolor de esta
ausencia?

[36] EN TI

Volvo
por riba do silencio,
coma unha lembranza,
un salouco,
unha mirada,
coma un leve voo
sen plumas
e sen aire.
Volvo,
derrotando ao pasado
-nunca consumarei o anceio de inocencia-
volvo
e só por ti regreso,
soño que na fronteira
fai estranxeiro ao vento
                    ao verso,
                    á espera.

[37] A CABINA

Ao meu pai

Cabina adormecida,
harmonía do tempo
entre cristais,
incompletas historias proxectadas
na memoria.

Tardes de po,
horas de fume, de grafito e auga,
cando ti o eras todo,
o principio e o fin,
o druída de todas as batallas.

[36] EN TI

Vuelvo
por encima del silencio,
como un recuerdo,
un sollozo,
una mirada,
como un leve vuelo
sin plumas
y sin aire.
Vuelvo,
derrotando al pasado
-nunca consumaré el anhelo de inocencia-
vuelvo
y solo por ti regreso,
sueño que en la frontera
hace extranjero al viento
        al verso,
        a la espera.

[37] LA CABINA

A mi padre

Cabina adormecida,
armonía del tiempo
entre cristales,
incompletas historias proyectadas
en la memoria.

Tardes de polvo,
horas de humo, de grafito y agua,
cuando tú lo eras todo,
el principio y el fin,
el druida de todas las batallas.

Silencio.

Dende o longo canón que te aventura
os acios de luz transparentan as sombras.
Baixo o tellado
aniña un corazón tan grande
coma os soños.

[38] RELOXOS VERDES

> Ao meu padriño

Reloxos verdes
coma agullas prendidas
nas lapelas
revirando o tempo a cada hora,
prolongándoo,
mentres eu,
sen decatarme a penas do camiño,
incapaz de ver nos teus ollos
o rigor do silencio,
xogaba
a te soñar eterno.

[39] DOMINGO ADOLESCENTE

Cando aprendín a verte,
o xogo xa era inútil.

Ti fuxías
como foxen as pombas
descendendo fugaz os degraos da inxenuidade
e vinte muller

Silencio.

Desde el largo cañón que te aventura
los racimos de luz transparentan las sombras.
Bajo el tejado
anida un corazón tan grande
como los sueños.

[38] RELOJES VERDES

A mi padrino

Relojes verdes
como agujas prendidas
en las solapas
dándole vuelta al tiempo a cada hora,
prolongándolo,
mientras yo,
sin darme cuenta a penas del camino,
incapaz de ver en tus ojos
el rigor del silencio,
jugaba
a soñarte eterno.

[39] DOMINGO ADOLESCENTE

Cuando aprendí a verte,
el juego ya era inútil.

Tú huías
como huyen las palomas
descendiendo fugaz los escalones de la ingenuidad
y te vi mujer

por vez primeira
e desexeite
aquel mediodía de domingo
sen que te decataras.

Quizais me fixen home naquel intre
na sombra do escuro portal
mentres arriba agonizaba a infancia.

Sorriches ti,
sorriso de muller doutras historias
á que sigo lembrando
cada vez que ascendo os chanzos
do desexo.

[40] SOIDADE

As pegas removen o alento
da casa adormecida.
Como será o aroma
doutros días?
Como a lembranza
dos sorrisos perdidos?
Un xoguete de latón
esmorece
baixo a calada música
do palco,
unha bágoa
espella o outonizo silencio
da alameda.
Entre cristais
ela tece e destece
a sombra que se foi
con outra vida.

por vez primera
y te deseé
aquel mediodía de domingo
sin que te percatases.

Quizás me hice hombre en aquel instante
en la sombra del oscuro portal
mientras arriba agonizaba la infancia.

Tú sonreíste,
sonrisa de mujer de otras historias
a la que sigo recordando
cada vez que asciendo los escalones
del deseo.

[40] SOLEDAD

Las urracas agitan el aliento
de la casa adormecida.
¿Cómo será el aroma
de otros días?
¿Cómo el recuerdo
de las sonrisas perdidas?
Un juguete de latón
languidece
bajo la callada música
del palco,
una lágrima
espeja el otoñal silencio
de la alameda.
Entre cristales
ella teje y desteje
la sombra que se fue
con otra vida.

[41] ENCRUCILLADA

Quixen marchar contigo,
terra escura dos camiños,
non regresar,
levar nos ollos
o berce e a memoria.

Soñei con
explorar o dilatado horizonte das sombras.

Pero fiquei,
homónimo de tantas invernías,
eco de tantos silencios
coma nostalxias caben
nunha lembranza túa.

[42] AS FLORES DA TARDE

Gardarei para ti os días da memoria,
preservareinos do olvido,
conservarei por ti as faíscas que noutrora
te fixeron feliz.

Procurareiche acougo,
esa lentura calma que acompaña
ao devalar das horas,
ese esvarar do sol
polos cansos carreiros dos ollos.

Buscarei o silencio,
a confianza nos días que vivimos,
o sosego que acolle
o presente sen tempo.

Non desfarei o leito

[41] ENCRUCIJADA

Quise marchar contigo,
tierra oscura de los caminos,
no regresar,
llevar en los ojos
la cuna y la memoria.

Soñé con
explorar el dilatado horizonte de las sombras.

Pero me quedé,
homónimo de tantas invernías,
eco de tantos silencios
como nostalgias caben
en un recuerdo tuyo.

[42] LAS FLORES DE LA TARDE

Guardaré para ti los días de la memoria,
los preservaré del olvido,
conservaré las luces que en otro tiempo
te hicieron feliz.

Te daré sosiego,
esa cálida humedad que acompaña
el fluir de las horas,
ese descenso del sol
por los cansados senderos de los ojos.

Buscaré el silencio,
la confianza en los días que vivimos,
y el calor que acoge
el presente sin tiempo.

No desharé el lecho

nin cegarei a lámpada,
estenderei na alfombra os soños que soñamos
ao remol dun sorriso
aberto coma as flores da tarde.

[43] PROPOSICIÓN

Alenta esta luz
co teu sorriso,
detén as horas da tarde
cos teus labios,
durme,
só.ña.me.

[44] AMOR

Ela
premeu o peito del
coas mans crispadas
e ceibou un último
salouco.
Logo a tarde
foi enteira dos paxaros.

[45] AMARAMA

fértil fiero feraz
vital aliento
que...
va dándole
a lo dado
¡vida nueva!
José María de Labra

Dúas sombras
xunguidas pola fráxil conciencia do ser.
Dúas viaxes, dous diferentes xeitos

ni apagaré la lámpara,
extenderé sobre la alfombra los sueños que soñamos
y el rescoldo de una sonrisa
abierta como las flores de la tarde.

[43] PROPOSICIÓN

Alimenta esta luz
con tu sonrisa,
detén las horas de la tarde
con tus labios,
duerme,
sué.ña.me.

[44] AMOR

Ella
crispó las manos sobre el pecho de él
y liberó un último suspiro.
Después la tarde
fue toda de los pájaros.

[45] AMARAMA

fértil fiero feraz
vital aliento
que...
va dándole
a lo dado
¡vida nueva!
José María de Labra

Dos sombras
unidas por la frágil conciencia del ser.
Dos viajes, dos diferentes maneras

de amar. Sen engano. Dous alentos, un en ti
e outro nos seus labios. Ser nun lugar quen son,
noutro aquel que sinto e que cobizo.
Sería así o final dos soños?

[46] O PRINCIPIO

Nun principio
corpo,
un misterio de seda,
alento que se inicia
emocionándonos,
un arrecendo de amor
fráxil e cálido,
a vida nos teus ollos
agromando da nada.

[47] AGARIMO DO SOL ENTRE OS TEUS DEDOS

Que o teu destino se cumpra
Xulio L. Valcárcel

Que lonxe o vágado fugaz
daquela tarde,
cando ti respiraches,
aínda antes da vitamina K
e o niño de cristal no que adormecías.
Pensaba eu que quizais
todo tiña un sentido,
que aquela nova voz que me chegaba

de amar. Sin engaño. Dos alientos, uno en ti
y otro en sus labios. Ser en un lugar quien soy,
en otro aquel que siento y que anhelo.
¿Sería así el final de los sueños?

[46] EL PRINCIPIO

En un principio
cuerpo,
un misterio de seda,
aliento que se inicia
emocionándonos,
un aroma de amor
frágil y cálido,
la vida en tus ojos
brotando de la nada.

[47] CARICIA DEL SOL ENTRE TUS DEDOS

Que o teu destino se cumpra
Xulio L. Valcárcel

Que lejos el vértigo fugaz
de aquella tarde,
cuando tú respiraste,
aún antes de la vitamina K
y el nido de cristal en el que te adormecías.
Pensaba yo que quizás
todo tenía un sentido,
que aquella nueva voz que me llegaba

non era máis que o falar anovado do meu sangue,
a certeza do ser
e todo escrito dende sempre no umbral da palabra.

Viñeron logo días,
meses tal vez,
ese tempo amable, repetido,
que é coma saloucos,
coma paxaros vencidos
cando o primeiro pálpito,
e ti eras ti
e xa non eras a proxección exacta do meu sangue.
Acubillaras un ser
que non me prolongaba.

Ollabas
como din que eu mesmo ollaba,
pero era outra a paisaxe
no fondal dos teus ollos,
e sorrías
co teu propio sorriso
e cantabas
e eu non vivía en ti
que me extraviaba
no intrincado ronsel
dos teus devezos.

Hai noites nas que alimento a nostalxia
do que non serás nunca.

Érgome entón
e busco o teu remol
no corredor baleiro,
na toalla do baño,
no agostado silencio
dos teus pasos
e sinto
que vivir é coma un tránsito escuro,
o segredo esvaír da noite
nos teus soños.

no era más que el hablar renovado de mi sangre,
la certeza del ser
y todo escrito desde siempre en el umbral de la palabra.

Vinieron luego días,
meses tal vez,
ese tiempo amable, repetido,
que es como suspiros,
como pájaros vencidos
cuando el primer pálpito,
y tú eras tú
y ya no eras la proyección exacta de mi sangre.
Habías acogido un ser
que no me prolongaba.

Mirabas
como dicen que yo mismo miraba,
pero era otro el paisaje
en el fondo de tus ojos,
y sonreías
con tu propia sonrisa
y cantabas
y yo no vivía en ti
que me extraviaba
en la intrincada estela
de tus deseos.

Hay noches en las que alimento la nostalgia
de lo que no serás nunca.

Me levanto entonces
y busco tu rastro
en el pasillo vacío,
en la toalla del baño,
en el agostado silencio
de tus pasos
y siento
que vivir es como un tránsito oscuro,
el diluirse secreto de la noche
en tus sueños.

[48] CONCILIACIÓN

Conciliación.
A bicicleta dorme un sono
inquebrantable, sen latexos;
na habitación do fondo
a sonora canción do tiratacos,
BLOP... BLOP,
estalando na tarde.

Cerna de sabugueiro,
aroma de ledicia no silencio escondido
das palabras,
xogo,
consumación dun soño
deitado sobre a alfombra branca.
Están alí os teus ollos
no espello,
a caluga recortada contra as sombras,
o aire.

A vida para e fornécese
na habitación do fondo.

[49] TODO

Por ti daría un universo azul,
todo o azul que nesta tarde habito.
Daría por ti os soños
e todos os menceres de paxaros.
Daría por ti, agora,
todo canto conservo, a memoria de abril,
o río todo.

[48] CONCILIACIÓN

Conciliación.
La bicicleta duerme un sueño
inquebrantable, sin latidos;
en la habitación del fondo
la sonora canción del tirabalas,
BLOP... BLOP,
estallando en la tarde.

Cerne de sauce,
aroma de alegría en el silencio escondido
de las palabras,
juego,
consumación de un sueño
tendido sobre la alfombra blanca.
Están allí tus ojos
en el espejo,
la nuca recortada contra las sombras,
el aire.

La vida se para y se provee
en la habitación del fondo.

[49] TODO

Por ti daría un universo azul,
todo el azul que en esta tarde habito.
Daría por ti los sueños
y todos los amaneceres de pájaros.
Daría por ti, ahora,
todo cuanto conservo, la memoria de abril,
el río todo.

[50] FOGAR

Mañá grisalla
coma os escuros soños que esquecemos.
Brétema
e o corpo teu e o seu sorriso
nos que acougar calidamente,
en calma.

[51] HAIKU

A Ricardo Martínez Conde

Cada árbore
da praza en outono
é coma un suspiro do bosque.

[52] SÓS

*As nosas soedades
veñen de tan lonxe
como as horas d'o reloxe.
Manuel Antonio*

Estamos sós
coma olas rotas
baixo a constancia do sol.
Sós, coma heroes
posuídos por escuras distancias,
sen que chegue a salvarnos
o tesouro dourado dos teus soños

[50] HOGAR

Mañana gris
como los oscuros sueños que olvidamos.
Niebla
y tu cuerpo y su sonrisa
en los que reposar cálidamente,
en calma.

[51] HAIKU

A Ricardo Martínez Conde

Cada árbol
de la plaza en otoño
es como un suspiro del bosque.

[52] SOLOS

*As nosas soedades
veñen de tan lonxe
como as horas d'o reloxe.
Manuel Antonio*

Estamos solos
como cántaros rotos
bajo la constancia del sol.
Solos, como héroes
poseídos por oscuras distancias,
sin que llegue a salvarnos
el tesoro dorado de tus sueños

nin a voz de veludo
do aparato de radio.
Só. Sós, como cando esquecemos.

[53] UN CANTO

Fraga,
corazón adormecido en brétemas.
Dende o branco esconxuro do silencio
xurde un canto.
Coma un fío de amor
entre ningures,
a vida
coma un canto.

[54] ÍCARO
(variación sobre o voo do solitario)

> *Sobre la horizontal del laberinto*
> *trazaste el eje de la altura*
> *y la profundidad.*
> *Caer fue sólo*
> *la ascensión a lo hondo.*
> *José Ángel Valente*

Mediu a curvatura
do voo sobre o horizonte,
recuperou os folgos
e saltou, precipitado,
erguéndose directamente
cara ao fondo.
Foi entón
cando sobreviviu
á morte.

ni la voz de terciopelo
del aparato de radio.
Solo. Solos, como cuando olvidamos.

[53] UN CANTO

Bosque,
corazón adormecido en nieblas.
Desde el blanco conjuro del silencio
surge un canto.
Como un hilo de amor
entre ninguna parte,
la vida
como un canto.

[54] ÍCARO
(variación sobre el vuelo del solitario)

Sobre la horizontal del laberinto
trazaste el eje de la altura
y la profundidad.
Caer fue sólo
la ascensión a lo hondo.
José Ángel Valente

Midió la curvatura
del vuelo sobre el horizonte,
recuperó las fuerzas
y saltó, precipitado,
elevándose directamente
hacia el fondo.
Fue entonces
cuando sobrevivió
a la muerte.

[55] DÍAS DE CERA

Baixo o sol
os días transcorren coma un voo inconstante,
ás que se abren
a un abismo de seda,
a ilusión dun vivir
que se consume
nun recóndito altar.

Estendidos os soños
semellan plumas que a brisa arremuíña
entre roseiras,
ás de cera,
nostalxia doutros días
que se fundiron
na calor dos teus labios.

Nese vaivén de auga
e de paxaros,
os días son de cera,
reliquias que ofrendamos
na epifanía de cada espertar.

[56] DENDE O AZUL

*Aguarda só o momento propicio
de entrar no teu voo
e logo a seguir ver-me desde esse
azul*
Antonio Cabral

O gabián
-coma se dunha esperanza se tratase-
cada mañá reconstruía o aire.

[55] DÍAS DE CERA

Bajo el sol
los días transcurren como un vuelo inconstante,
alas que se abren.
a un abismo de seda,
la ilusión de un vivir
que se consume
en un recóndito altar.

Extendidos los sueños
parecen plumas que la brisa arremolina
entre rosales,
alas de cera,
nostalgia de otros días
que se fundieron
en el calor de tus labios.

En ese vaivén de agua
y de pájaros,
los días son de cera,
reliquias que ofrendamos
en la epifanía de cada despertar.

[56] DESDE EL AZUL

Aguarda só o momento propicio
de entrar no teu voo
e logo a seguir ver-me desde esse
azul
Antonio Cabral

El gavilán
-como si de una esperanza se tratase-
cada mañana reconstruía el aire.

[57] CONSUMACIÓN

Gardei na cuncha
da man
o aroma
dos teus peitos
e durmín
alleo
ao crepitar da tarde.

[58] ANXO DA MELANCOLÍA

O visible é só un exemplo do real
Paul Klee

Máis alá da recollida transparencia
do aire,
da quietude da sesta,
nun ángulo exterior,
oculto pero vivo,
o teu ollar inmóbil, melancólico,
reflicte o que sabemos:
a memoria é de tardes,
soles empoleirados
que, dende o berce do lume,
debuxan a esperanza.

[59] O BICO

Cal foi o bico do amor?
Cal o da morte?

[57] CONSUMACIÓN

Guardé en la concha
de la mano
el aroma
de tus pechos
y dormí
ajeno
al crepitar de la tarde.

[58] ÁNGEL DE LA MELANCOLÍA

Lo visible es solo un ejemplo de lo real
Paul Klee

Más allá de la recogida transparencia
del aire,
de la quietud de la siesta,
en un ángulo exterior,
oculto pero vivo,
tu mirar inmóvil, melancólico,
refleja lo que sabemos:
la memoria es de tardes,
soles encaramados
que, desde la cuna del fuego,
dibujan la esperanza.

[59] EL BESO

¿Cuál fue el beso del amor?
¿Cuál el de la muerte?

Acaso aquel que recibiras
durmida
e que gardabas secreto
no silencio?

O que el depositou inocente
nos teus labios?

Ou aquel que xa nunca voaría
dende o teu sorriso?

[60]

A María Guijarro

Viñeches entre as sombras, como veñen as sombras,
traendo unha reliquia entre os teus beizos
e viñas sen nostalxia, franqueando o misterio.

Viñeches entre a noite, como veñen os soños
e traías as mans xeadas de lembranzas
o ollar apracible, o corazón sen peso.

Viñeches ata quen non te agardaba, espido e derrotado
na dor da túa ausencia, pendurando baleiro
dun teito sen fisuras no que non había luz.

Traías a mensaxe dos que contigo estaban e non eran,
do amor de tantos ollos esquecidos,
do favor de tanto sorriso sepultado.

Ecoaba a túa voz contra o abandono, firme o corpo no aire,
tenso o ventre e os teus ollos concentrados
no veludo de amor acollido no espello.

Viñeches ata min para advertirme coa voz de todos cantos calan.

¿Acaso aquel que recibiste
dormida
y que guardabas secreto
en el silencio?

¿El que él depositó inocente
en tus labios?

¿O aquel que ya nunca volaría
desde tu sonrisa?

[60]

A María Guijarro

Viniste entre las sombras, como vienen las sombras,
trayendo una reliquia entre tus labios
y venías sin nostalgia, franqueando el misterio.

Viniste entre la noche, como vienen los sueños
y traías las manos heladas de recuerdos
el mirar apacible, el corazón sin peso.

Viniste hasta quien no te aguardaba, desnudo y derrotado
en el dolor de tu ausencia, colgando vacío
de un techo sin fisuras en el que no había luz.

Traías el mensaje de los que contigo estaban y no eran,
del amor de tantos ojos olvidados,
del favor de tanta sonrisa sepultada.

Tu voz como un eco contra el abandono, firme el cuerpo en el aire,
tenso el vientre y tus ojos concentrados
en el terciopelo de amor reflejado en el espejo.

Viniste hasta mí para advertirme con la voz de los que callan.

Traías un rumor de folerpas entre os dedos
e un manancial de silencio.

Está guapa!, dicían, está guapa! amortallada en xasmín,
en verán, en espera. Viñeches coma os pregues que recollen o
aire, cun enxoval de bágoas no que eu te durmía.

[61] ONDE REPOUSAN UNS DEDOS QUE NON CALAN

A Tete Montoliu

Desfíouse a música no aire.
Na sombra dos cristais
sobrevive
o reflectir da tarde.

[62] ARA SOLIS

I
Era pedra a paisaxe,
a casa,
o corazón,
a campa,
mesmo o centro inmutable
onde todo sucede.
De pedra a señardade
dos días compartidos,
os valados
que conteñen as sombras.
De pedra os soños, os silencios
e as lembranzas todas.

Traías un rumor de copos de nieve entre los dedos
y un manantial de silencio.

¡Está guapa!, decían, ¡está guapa! amortajada en jazmín,
en verano, en espera. Viniste como los pliegues que recogen el
aire, con un ajuar de lágrimas en el que yo te dormía.

[61] DONDE REPOSAN UNOS DEDOS QUE NO CALLAN

A Tete Montoliu

Se deshiló la música en el aire.
En la sombra de los cristales
sobrevive
el reflejo de la tarde.

[62] ARA SOLIS

I
Era piedra el paisaje,
la casa,
el corazón,
la lápida,
incluso el centro inmutable
donde todo sucede.
De piedra la soledad
de los días compartidos,
los cercados
que contienen las sombras.
De piedra los sueños, los silencios,
los recuerdos todos.

II
Eres barca
pano que non lle teme ao mar,
temón que nos goberna.
Eres palabra
e cántico e camiño,
eres berce común,
eres común destino.

III
Só a pedra
podía acoller a palabra dos deuses.

IV
Espiral de palabras.
Concentrei os teus nomes
no silencio dun canto
sobre a pedra que fala.

V
A limpa cor dun lique
sobre a pedra
ampara o sixiloso suceder do tempo.

VI
Escribiron a vida
sobre a pedra que fala.
Sobre a laxe da escrita
gravaron no solpor cada salouco,
cada ollada de amor,
cada esperanza.

VII
A vida é un milladoiro de días
tirados ao azar
por un destino incerto,
un xogo, unha paixón,
un labirinto de amor
que nos reclama.

II
Eres barca
vela que no le teme al mar,
timón que nos gobierna.
Eres palabra
y cántico y camino,
eres cuna común,
eres común destino.

III
Solo la piedra
podía acoger la palabra de los dioses.

IV
Espiral de palabras.
Concentré tus nombres
en el silencio de un canto
sobre la piedra que habla.

V
El limpio color de un liquen
sobre la piedra
ampara el sigiloso suceder del tiempo.

VI
Escribieron la vida
sobre la piedra que habla.
Sobre la estela escrita
grabaron en el crepúsculo cada suspiro,
cada mirada de amor,
cada esperanza.

VII
La vida es un humilladero de días
tirados al azar
por un destino incierto,
un juego, una pasión,
un laberinto de amor
que nos reclama.

VIII
Sobre a pedra
un círculo de sombras.
Vivir é un misterio
conservado nos sulcos da memoria.

IX
Recibimos antigos ecoares,
versos de amor
escritos sobre a pedra,
circos, nós, carreiros
que se van baixo as estrelas.

VIII
Sobre la piedra
un círculo de sombras.
Vivir es un misterio
conservado en los surcos de la memoria.

IX
Recibimos antigos ecos,
versos de amor
escritos sobre la piedra,
círculos, nudos, senderos
que se van bajo las estrellas.

MAR DE LIRA

(2005)

[63] MAR DE LIRA

O mar de Lira é ancho,
ocupa a vista toda que se abrangue entre os ollos,
dende a Foz e os Forcados ata o río que morre de Boca
coma un peixe encarnado.
Mar de carácter
ten días, coma un home.
O mar de Lira é baixo e fondo
se se mira de lonxe,
garda un brillo de velas na Anguieira
e unha nostalxia de abrazos
no calcáreo pandullo das gavotas.
É lameiro, leira de navegar, eira de barcas,
ribeira de baleas derramadas, carreiro e chaira
para fóra da illa
-o lugar no que morreu Ricardo-

No mar de Lira hai penas afogadas
mágoas secas, memorias que esqueceron
a sucesión das ondas e hoxe dormen
na sombra azul das Cabaleiras.
Lugar de petóns feros, semente de verdello,
dentes de Galafato, o mar de Lira
recende a salga vella, tempo de nomear,
a esperanza e as esperas.

[64] BORRAXEIRA

Berro de alenmar,
así é o bruar da luz da findaterra
cando a constancia da brétema
absorbe o espertar do día.

Dos homes só resta entón a voz

[63] MAR DE LIRA

El mar de Lira es ancho,
ocupa toda la vista que se abarca entre los ojos,
desde la Foz y los Forcados hasta el río que muere de Boca
como un pez encarnado.
Mar de carácter
tiene sus días, como un hombre.
El mar de Lira es bajo y hondo
si se observa de lejos,
guarda un brillo de velas en la Anguieira
y una nostalgia de abrazos
en el calcáreo buche de las gaviotas.
Es humedal, finca de navegar, era de barcas,
ribera de ballenas varadas, sendero y llanura
hacia fuera de la isla
-el lugar en que murió Ricardo-

En el mar de Lira hay rocas ahogadas
tristezas secas, memorias que olvidaron
la sucesión de las ondas y hoy duermen
en la sombra azul de las Cabaleiras.
Lugar de arrecifes, semilla de algas,
dientes de Galafato, el mar de Lira
huele a vieja salazón, tiempo de nombrar,
a esperanza y a esperas.

[64] NIEBLA

Relámpago de sombra,
así es la voz del mar del fin del mundo
cuando la constancia de la niebla
absorbe el despertar del día.

De los hombres queda únicamente la voz

coma canción de ciclope:
Se-se-be, se-be, se-be, Char-quei-ra, eira, ei-ra, Pe-tón-fe-ro, fe-ro, e-ro
proxectada contra as ondas
do mar informe.

Navegar sobre a nada.
Ese é o valor dos homes que faenan
sobre o gume dun eco.
Gol-fei-ras, ei-ras, ei-ras, ca-la-fa-to, fa-to, fa-to
Aquí Pa-rra-io, ra-io, ra-io, aquí Jau-cho, u-cho, u-cho,
aquí Cha-ma-co, ma-co, ma-co,
Panchos tres, anxos tres, os-tres,
por corenta quilos de polbo
na cacea en-carnada.
Aqui Tu-tu-a, tú-a, tú-a, Ja-vi-lán, vi-lán, vi-lán Pis-to-las, to-las, to-las.

Canción de ciclope,
fantasmas alterando o GPS
homesó na eira contra a brétema.

Presadas de salitre,
homesó, homemar, por fóra dos Forcados, sobre a coca da barra.

Cen polbos na cacea, unha pedra na casa
e unha tella virada de esperanza.
Bruada de alénmar na borraxeira,
cen mañás entre brétema e salseiros.
Pegadas de memoria no carreiro da illa,
lembranza doutros homes no carreiro da laxe.
Mar-de-lira, Mar-de-li-ra, de-li-ra, de-li-ra
constancia de alénmar,
sorte en-carnada.

como canción de cíclope:
Se-se-be, se-be, se-be, Char-quei-ra, eira, ei-ra, Pe-tón-fe-ro, fe-ro, ero[1]
proyectada contra las olas
del mar informe.

Navegar sobre la nada.
ese es el valor de los hombres que faenan
sobre el filo de un eco.
Gol-fei-ras, ei-ras, ei-ras, ca-la-fa-to, fa-to, fa-to
aquí Pa-rra-io, ra-io, ra-io, aquí Jau-cho, u-cho, u-cho,
aquí Cha-ma-co, ma-co, ma-co,
Panchos tres, ángeles tres, los tres,
por cuarenta quilos de pulpo
en la cacea en-carnada.
Aquí Tu-tu-a, tú-a, tú-a, Ja-vi-lán, vi-lán, vi-lán, Pis-to-las, to-las, to-las.
Canción de cíclope,
fantasmas alterando el GPS
hombresolo en la huerta contra la niebla.

Puñados de salitre,
hombresolo, hombremar, por fuera de los Forcados,
sobre las rompientes de la barra.

Cien pulpos en la cacea, una piedra en la casa
y una teja invertida de esperanza.
Rugir de allá del mar entre la bruma,
cien mañanas entre niebla y espuma.
Huellas de memoria en el sendero de la isla,
recuerdo de otros hombres en la senda de lajas.
Mar-de-Lira, Mar-de-li-ra, de-li-ra, de-li-ra
constancia de más allá del mar
suerte en-carnada.

---

1   Los patrones de los barcos de pesca que navegan por una misma zona marítima suelen hablar entre sí a través de las emisoras de FM, advirtiendo de sus posiciones a los demás. Entre la niebla, sobre el mar invisible, se transmite un eco que, a veces, como se recoge en este poema, produce juegos de palabras que cambian su sentido léxico y son, por tanto, intraducibles (N. de la T.).

[65] ILLAS

Illas
explosión de chorimas
salientando o confín,
unha paixón entre horas,
a chamada do alén,
a advertencia do límite.

[66] AUSENCIA

Máis alá
dos petóns está o silencio
dos paxaros,
o ceo atoldado dunha soidade intacta,
a ausencia de navíos,
a cobiza de abrazos.

De alí non se regresa.
O mar alí arroa
e os carreiros confunden as olladas
atrapallan os pasos
e fan palidecer as sombras.

Por fóra dos petóns
ninguén agarda,
só a brétema
que ás veces rebenta nos corazóns
coma unha saudade
entre horas.

[65] ISLAS

Islas
explosión de aulaga
destacando el confín,
una pasión entre horas,
la llamada del más allá,
la advertencia del límite.

[66] AUSENCIA

Más allá
de los bajíos está el silencio
de los pájaros,
el cielo nublado de una soledad intacta,
la ausencia de navíos,
la codicia de abrazos.

De allí no se regresa.
El mar allí llora
y los senderos confunden las miradas
extravían los pasos
y hacen palidecer a las sombras.

Fuera de los bajíos
nadie espera,
solo la niebla
que a veces revienta en los corazones
como una melancolía
entre horas.

[67] MISTERIO

Aínda garda segredos
este mar,
dime senón:
Onde principia e onde remata a ausencia?
Onde se forma o salitre dos teus ollos?

[68] COCA

Dirán que seca o mar,
pero é mentira,
que o mar non seca nunca,
o mar dorme e espera.

[69] COUSA INNOMEABLE

Ao cabo
todo é silencio,
todo é despois ou antes,
agás ese balbordo constante
de areas e de crebas,
o fluído vaivén
dese alento que ondea
e non resiste
a friaxe larval
que se encista nas córneas e non dorme.
Ao cabo
todo é abismo
e desmemoria,
coma se fosen días
de ferro
ou de tristura.

[67] MISTERIO

Aún guarda secretos
este mar,
dime si no:
¿Dónde se inicia y dónde acaba la ausencia?
¿Dónde se forma el salitre de tus ojos?

[68] BAJAMAR

Dirán que se seca el mar,
pero es mentira,
que el mar no se seca nunca,
el mar duerme y espera.

[69] COSA INNOMBRABLE

Al fin
todo es silencio,
todo es después o antes,
excepto este murmullo constante
de arenas y de despojos,
el fluido vaivén
de ese aliento que ondea
y no resiste
la frialdad larval
que se enquista en las córneas y no duerme.
Al fin
todo es abismo
y desmemoria,
como si fuesen días
de hierro
o de tristeza.

[70] NUNCA MÁIS

Na rampla
onde dormen as quillas
deixamos a esperanza a secar
coma se fora argazo.

[71] PEDRA PAS

Este é o secreto refuxio dos heroes
o lugar ao que sempre se volve
ventre de sal arrombado na area
dos días da memoria.

Aquí conflúen as rosas do compás,
acougan silenciosas estrelas, rebulen teimas
de quillas e pistóns, de maruxías
que fan tremer as ondas.

Aquí medra o tentáculo, a espiral, o espasmo,
o frío mineral da carnada, aquí xoga o nordés
pero non o raposo, non o beizo da serpe,
aquí nace a canción da madrugada.

Ebrios de estirpe os homes danzan
o ronsel do regreso, beben, mudan de pel
e calan a certeza de que o alento e a nada
converxen máis alá do horizonte das illas.

Rexouba o mar no pouso das olladas
e alguén debuxa un aire
axexa o verdello dos días
e descifra a palidez da tarde.

[70] NUNCA MÁS

En la rampla
donde duermen las quillas
dejamos la esperanza a secar
como si fuesen algas.

[71] PEDRA PAS

Este es el secreto refugio de los héroes
el lugar al que siempre se vuelve
vientre de sal tendido en la arena
de los días de la memoria.

Aquí confluyen las rosas del compás,
reposan silenciosas estrellas, bullen obsesiones
de quillas y timones, de marejadas
que hacen temblar a las olas.

Aquí crece el tentáculo, la espiral, el espasmo,
el frío mineral de la carnada, aquí juega el nordeste
pero no la raposa, no el beso de serpiente,
aquí nace la canción de la madrugada.

Ebrios de estirpe los hombres danzan
la estela del regreso, beben, cambian de piel
y callan la certeza de que el aliento y la nada
convergen más allá de las islas.

Juega el mar en el fondo de los ojos
y alguien dibuja un aire
acecha el verdor de los días
y descifra la palidez de la tarde.

Francisco X. Fernández Naval

[72] HOME MARIÑO

O mar vestiu o día
de encaixes e de visos
e na Marsiosa
-sitio falso-
virou o corpo dun animal tremendo
coma un mundo.
Daquela, alguén no Pedra Pas dixo que o mar
ten estas cousas,
que aquilo non era caldeirón, nin arroás,
senón o home mariño que se conta nas fábulas,
o que quedou a vivir na beirada
namorado da serea do faro.

[73] FONTE VELLA

A Belén

Na Fonte Vella o mar descansa os pés
e conversa cos homes que recenden a salga e calafate,
viste de pedregal, mergúllase en espellos e xoga coa muller-arroás
que cada día se achega ata as pedras mariñas
nun esforzo de órbitas e abrazo.
Na Fonte Vella o mar bebe da sede e tararea
o son das singraduras.
Cousa de ver, o mar que canta,
refulgueiro coma un deus que respira.
Mírase o mar aquí, nos lentes do solpor
na ardentía das sombras
e acouga do delirio de escumas
con que estremece o van dos cons
e a fronteira das illas.

[72] HOMBRE MARINO

El mar vistió al día
de encajes y de enaguas
y en la Marsiosa
-sitio falso-
tomó la apariencia de un animal tremendo
como un mundo.
Entonces, alguien en el Pedra Pas dijo que el mar
tiene estas cosas,
que aquello no era calderón, ni delfín,
si no el hombre marino del que hablan las fábulas,
que se quedó a vivir en la orilla
enamorado de la sirena del faro.

[73] FONTE VELLA

A Belén

En la Fonte Vella el mar descansa los pies
y conversa con hombres que huelen a salazón y calafate,
viste de pedregal, se sumerge en espejos y juega con la mujer-delfín
que cada día se aproxima hasta las piedras marinas
en un esfuerzo de órbitas y abrazo.
En la Fonte Vella el mar bebe de la sed y tararea
el sonido de las singladuras.
Es cosa de ver, el mar que canta,
brillante como un dios que respira.
Se mira el mar aquí, en la lentitud del atardecer
en la fosforescencia de las sombras
y tranquiliza el delirio de espumas
con el que estremece la cintura de los escollos
y la frontera de las islas.

[74] COMPLICIDADE

Foi o ano en que naceu María,
a filla de André,
o ano en que embarcou Lestón,
cando fixeron aquel aeroplano os de Lariño.

Lembras?
Aínda non había estrada,
só a certeza de que nada era imposible.

[75] LEMBRANZA

Iamos ás caramuxas
coa inocencia de quen se sabe
en posesión do mundo,
non dun mundo,
non a inxenua posesión do próximo.

Iamos ás caramuxas
convencidos.
Cada pucharca un mar,
cada vento un destino.

[76] BALADA DO HOMEMAR

Homme libre, toujours tu chériras la mer !
Charles Baudelaire

Bernaldo observa a luz primeira do areal,
o recitar do día tras a casa das deusas,
as escuras xanelas de Panchés,

[74] COMPLICIDAD

Fue el año en que nació María,
la hija de André,
el año en que se embarcó Lestón,
cuando hicieron aquel aeroplano los de Lariño.

¿Recuerdas?
Aún no había carretera,
solo la certeza de que nada era imposible.

[75] RECUERDO

Íbamos a los bígaros
con la inocencia de quien se sabe
en posesión del mundo,
no de un mundo,
no la ingenua posesión de lo próximo.

Íbamos a los bígaros
convencidos.
Cada charco un mar,
cada viento un destino.

[76] BALADA DEL HOMBREMAR

> *Homme libre, toujours tu chériras la mer !*
> *Charles Baudelaire*

Bernaldo observa la luz primera del arenal,
el recitar del día tras la casa de las diosas,
las oscuras ventanas de Panchés,

a somnolencia gris da escuma sobre a praia.
Gobernando o temón, na popa do nordés
Bernaldo intúe a fenda das valgadas,
o solemne transpirar dos castros,
as columnas de fume que por entre os piñeiros se elevan coma ánimas.
Bernaldo, o do riso dourado,
regresa cada tarde, pero nunca regresa,
que o seu alento é unha constancia de cons,
o seu sangue un remuíño de argazos,
a súa ledicia unha vertixe de mascatos.
Regresa Bernaldo, pero nunca regresa,
que na boca do solpor el tende liñas de seda e palangres de soños
dende o leito da salga ata o aroma das rosas
que cada noite o acolle e no que nunca acouga.
Regresa por amor, por compartir o abrazo,
por verse home nas humidades dela,
muller que espreita e busca dende o outeiro
a vela que teceu e que se inflama
máis alá das poutadas
e das horas.
Regresa Bernaldo, como un home constante
pero sempre inconcreto, que nunca enteiro se deu
a quen non fora experiencia do sal, cacea de esperanzas,
anémona ou devalo deste mar que se prolonga
máis alá do horizonte.
Pilota sempre Bernaldo, tamén cando dorme, incluso cando cala,
atento ao son espiral dunha bucina
que anunciará ardora, cardume, esperma de balea,
aparello estendido nun bocexo de lúa.
Por fóra da Lobeira
Bernaldo rema, larga, fondea
e agarda que o poeta escriba con palabras
esa canción capaz de lle dar nome ao mundo que el navega.
Pero o poeta mente, deixa pasar os anos,
incapaz de atopar o verso que desvele o engado das xarretas,
as voces dos mastros afogados, a fría crueldade das sereas,
e sente Bernaldo que as preguntas aumentan e fatigan,
que son coma un bater de pardelas,
nostalxia doutro mar e doutras sombras.

la somnolencia gris de la espuma sobre la playa.
Guiando el timón, en la popa del nordeste
Bernaldo intuye la grieta de la vaguada,
el solemne transpirar de los castros,
las columnas de humo que por entre los pinos se elevan como ánimas.
Bernaldo, el de la risa dorada,
regresa cada tarde, pero nunca regresa,
que su aliento es una constancia de arrecifes,
su sangre un remolino de algas,
su alegría un vértigo de alcatraces.
Regresa Bernaldo, pero nunca regresa,
que en la boca del atardecer él tiende líneas de seda y palangres de sueños
desde el lecho de salazón hasta el aroma de las rosas
que cada noche le acoge y en el que nunca descansa.
Regresa por amor, por compartir el abrazo,
por verse hombre en las humedades de ella,
mujer que otea y busca desde la colina
la vela que tejió y que se inflama
más allá de las garras
y las horas.
Regresa Bernaldo, como un hombre constante
pero siempre inconcreto, que nunca por entero se dio
a quien no fuese experiencia de sal, cacea de esperanzas,
anémona o bajamar que se prolonga
más allá del horizonte.
Pilota siempre Bernaldo, también cuando duerme, incluso cuando calla,
atento al sonido espiral de una caracola
que anunciará fosforescencia, cardumen, esperma de ballena,
aparejo extendido en un bostezo de luna.
Por fuera de la Lobeira
Bernaldo rema, larga, fondea
y aguarda que el poeta escriba con palabras
esa canción capaz de darle nombre al mundo que él navega.
Pero el poeta miente, deja pasar los años,
incapaz de encontrar el verso que desvele la seducción de los abadejos,
las voces de los mástiles ahogados, la fría crueldad de las sirenas,
y siente Bernaldo que las preguntas aumentan y fatigan,
que son como un golpear de pardelas,
nostalgia de otro mar y de otras sombras.

Cobiza entón ser coma o corvo cristado
que no seu voo debuxa o seo inaugural das ondas,
ou mazarico que danza no gume das mareas,
ou caldeirón que revive coa caricia do aire,
todo menos o indolente silencio do fondo,
do que non se regresa.

[77] ECOLOXÍA

Pensar que tendo o mundo tantos milleiros de anos,
a memoria da destrución vén sendo a miña propia memoria,
comentou Cuchía metendo o crego na furada de séculos
e enganchando pola gorxa un congro que precisou tres descabelos
para morrer sorprendido pola tensión da historia.

[78] BOLBORETA

Durante o día
o faro semella bolboreta durmida.
Cando anoitece abre as ás
e busca a sombra
dos mariñeiros perdidos.

[79] MATERNIDADE

Fuches sacar o aire
aquela tarde
cando o verdello
anunciaba a rendición dos soños.
Vencíate a nostalxia

Codicia entonces ser como el cormorán moñudo
que en su vuelo dibuja el seno inaugural de las ondas,
o zarapito que danza en el filo de las mareas,
o calderón que revive con la caricia del aire,
todo menos el indolente silencio del abismo
del que no se regresa.

[77] ECOLOGÍA

Pensar que teniendo el mundo tantos millones de años,
la memoria de la destrucción es mi propia memoria,
comentó Cuchía metiendo el gancho en la cueva de siglos
y atrapando por la agalla un congrio que precisó tres descabellos
para morir sorprendido por la tensión de la historia.

[78] MARIPOSA

Durante el día
el faro parece mariposa dormida.
Cuando anochece abre las alas
y busca la sombra
de los marineros perdidos.

[79] MATERNIDAD

Fuiste a sacarte el aire
aquella tarde
cuando el verdín
anunciaba la rendición de los sueños.
Te vencía la nostalgia

as noites no terrazo
o xeo co que tentabas
escorrentar a espera.
Ti que armabas as nasas
coma quen fai gaiolas para o canto,
que tecías trasmallos de volantes,
miños de seda,
que enfiabas palangres
coma contas dun rosario de lúa.
Vencíante as ausencias
o voo inacadable do mascato,
as olladas baleiras
nas pucharcas da sala.
Foches
ao malecón e alí ceibaches
aire sobre aire,
redimindo o salaio
na vertical constancia
da chuvia.

[80] CANLE

Marchou pola canle
cara ao oeste,
entre a Anguieira e os Forcados.
Logo virou a sur
e dende o Libureiro
ollou para os Miñarzos
buscando a súa sombra
no espello da casa
e xa non viu os panos brancos,
só a grisalla constancia
do cotián que non ía vivir,
fuxindo na afumada dos días e dos anos.

las noches en las baldosas
el hielo con el que intentabas
espantar la espera.
Tú que armabas las nasas
como quien hace jaulas para el canto,
que tejías trasmallos de volantes,
miños de seda,
que enhebrabas palangres
como cuentas de un rosario de luna.
Te vencían las ausencias
el vuelo inalcanzable del alcatraz,
las miradas vacías
en las charcas del cuarto.
Fuiste
al malecón y allí liberaste
aire sobre aire,
redimiendo el sollozo
en la vertical constancia
de la lluvia.

[80] CANAL

Se marchó por el canal
hacia el oeste,
entre la Anguieira y los Forcados.
Después viró a sur
y desde el Libureiro
miró hacia los Miñarzos
buscando su sombra
en el espejo de la casa
y ya no vio los pañuelos blancos,
solo la grisácea constancia
de lo cotidiano que no iba a vivir,
huyendo en la humareda de los días y de los años.

[81] SOÑEI QUE REGRESABA

Soñei que regresaba.
Soñei a proa de corvo cristado,
a vela de pardela
a rede de gavota
os pés coma un rizón.
Soñei un leme de touliña
a quilla de canción
e unha maruxía no teu nome
achegándome ao cóncavo areal
do teu amor.

[82] PRIMEIRO AMOR

A cabaceira garda
o brillo dos teus ollos
entre as pupilas do millo,
carozos de tenrura
cinguidos no teu ventre
coma agromos de escuma
na túa pube.

A cabaceira garda
entre as fendas do aire
a sombra dun salouco,
a estrela do teu sangue.
A laxa das cebolas
aínda estraña o fermento
de sol da túa tenrura.

[81] SOÑÉ QUE REGRESABA

Soñé que regresaba.
Soñé la proa de cormorán moñudo,
la vela de pardela
el arte de gaviota
los pies como un rizón.
Soñé un codaste de marsopa
la quilla de canción
y una marejada en tu nombre
acercándome al cóncavo arenal
de tu amor.

[82] PRIMER AMOR

El hórreo conserva
el brillo de tus ojos
entre las pupilas del maíz,
mazorcas de ternura
ceñidas en tu vientre
como brotes de espuma
en tu pubis.

El hórreo conserva
entre las grietas del aire
la sombra de un gemido,
la estrella de tu sangre.
La losa de las cebollas
aún extraña el fermento
del sol de tu ternura.

[83] CANCIÓN DO BUS

Tremeu o sol
na túa coxa núa
e eu quixen
procurarlle acougo.

Pero non estendín
o brazo, nin busquei compromiso
de soño nos teus ollos
e así, o sol foise apagando triste,
fuxidío, na trémula carne
que foi por un instante
o meu destino.

[84] AGARIMO

Tremeu.

Foi a caricia
que fixo del mapoula,
murmurio,
vagalume,
airiño que antecede ao aire.

Ourizóuselle a pel
coma un orballo,
coma sombra de noite que leveda,
sentiuse transportar coma folla de outono,
coma folerpa núa.

Transpirou.

Transpirou relocente
coma escuma das rochas

[83] CANCIÓN DEL BUS

Tembló el sol
en tu muslo desnudo
y yo quise
procurarle quietud.

Pero no extendí
el brazo, ni busqué compromiso
de sueño en tus ojos
y así, el sol se fue apagando triste,
huidizo, en la trémula carne
que fue por un instante
mi destino.

[84] CARICIA

Tembló.

Fue la caricia
que lo volvió amapola,
murmullo,
luciérnaga,
brisa que antecede al aire.

Se le erizó la piel
como llovizna,
como sombra de noche que fermenta,
se sintió transportar como hoja de otoño
como nieve desnuda.

Transpiró.

Transpiró reluciente
como espuma de roca

liberou un salouco
e sorriu
e soñou
co recendo da rosa.

[85] COSTEIRA

A María Manuela

Quero ser barca
relinga que reteña
o teu sorriso,
quilla coa que navegues
meu amor
e non a espera.

Quero ser
o fluído ronsel
dos teus devezos
o constante elixir
dos teus saloucos
o destino das folerpas
que a soidade ceiba
no leito que compartes
pero que non me acolle.

Quero ser o mar
que te respira
a mazá que non comes
e que estrañas
a saudade mesma
que te abraza.

Morrería por te ver namorado
cada novo mencer
por ser o peixe

liberó un suspiro
y sonrió
y soñó
con el aroma de las rosas.

[85] COSTERA

A María Manuela

Quiero ser barca
relinga que retenga
tu sonrisa,
quilla con que navegues
mi amor
y no la espera.

Quiero ser
la fluida estela
de tu anhelo
el constante elixir
de tus suspiros
el destino de la espuma
que la soledad libera
en el lecho que compartes
pero que no me acoge.

Quiero ser el mar
que te respira
la manzana que no comes
y que extrañas
la nostalgia misma
que te abraza.

Moriría por verte enamorado
cada nuevo amanecer
por ser el pez

que escolles e acaricias,
o xeo que fonde a túa calor,
a cuberta de espellos que te mira.

Morrería por ti,
amor.

[86] AI, AMOR!

Ai, amor,
se puidera vivirte!

O vento da noite
trouxo recendos de mar
e de naufraxio,
formou lúas de sal
na túa ingua
e afogou os cisnes
no seu primeiro pálpito.

Ai, amor,
se puidera tocarte!

[87] ESPIRAL

De respirar as rosas
e as acesas luces
dos teus labios
teño grandes os ollos.

De baleirar o riso
teño azul o alento,
teño ceibes os soños

que escoges y acaricias,
el hielo que funde tu calor,
la cubierta de espejos que te mira.

Moriría por ti,
amor.

[86] ¡AY, AMOR!

¡Ay, amor,
si pudiese vivirte!

El viento de la noche
trajo aromas de mar
y de naufragio,
formó lunas de sal
en tu ingle
y ahogó los cisnes
en su primer pálpito.

¡Ay, amor,
si pudiese tocarte!

[87] ESPIRAL

De respirar las rosas
y las encendidas luces
de tus labios
tengo grandes los ojos.

De vaciar la risa
tengo azul el aliento,
tengo libres los sueños

de confundirme nun corpo
co teu corpo.

Teño abertas tenruras
coma espasmos
de recollerme enteiro
no teu colo,
de beber no teu cuspe,
de suspenderme pleno
na espiral do teu aire.

[88] SOMBRA

Senta baixo a parra
de bagos acedos e acios pálidos
que nunca madurecen,
-neste mar a uva nunca é cálida-
Ten corpo de tristura.
No aparador garda a mágoa dos días navegados,
lembranza doutro home e doutra frouma,
recendo de portos quebrantados,
cando o día era xofre
e a noite ausencia.
A fiestra ábrese ao mar, pero el non mira.
-María era o océano-
Agora o seu ronsel
cabe no xerro de plástico
que cada tarde enche no fío da fonte,
antes do cemiterio.

[89] VELORIO

Tanxeu a campá logo do mediodía
e elas soubéronse convocadas
ata a extenuación.

de confundirme en un cuerpo
con tu cuerpo.

Tengo abiertas ternuras
como espasmos
de recogerme entero
en tu regazo,
de beber en tu saliva,
de suspenderme pleno
en la espiral de tu aire.

[88] SOMBRA

Se sienta bajo la parra
de granos ácidos y racimos pálidos
que nunca maduran,
-en este mar la uva nunca es cálida-
Su cuerpo es de tristeza.
En el aparador guarda la pena de los días navegados,
recuerdo de otro hombre y de otra pinaza,
aroma de puertos quebrantados,
cuando el día era azufre
y la noche ausencia.
La ventana se abre al mar, pero él no mira.
-María era el océano-
Ahora su estela
cabe en el jarro de plástico
que cada tarde llena en el caño de la fuente,
antes del cementerio.

[89] VELATORIO

Tañió la campana después del mediodía
y ellas se supieron convocadas
hasta la extenuación.

Sobre o mandil
vestiron escapularios de insomnio
e nos ollos debuxaron a encistada expresión
do efémero.

Cando as gadoupas abriron o mar
e o aire foi gasóleo
e frío de ferralla,
elas continuaron estendendo o baleiro
sobre as gándaras,
recollendo as faíscas dun salouco,
saltando sobre a lumieira
que as redime do derradeiro aire.

[90] PATRIA OU NOCTURNO

Días de cinsa
calendario de días derramados
na espiral do temón
nos límites das fragas.

Impaciencia que agroma
na vixilia dun sol que se fatiga, no insomnio
deste bosque que se incendia ou nese curro de estrelas
que se apaga.

Foi nestas sombras
que soñei abellón de verán, caudal de río,
calzar zocas de cerna, aínda vencido,
recender a nome teu
e a memoria túa.

Sobre el delantal
vistieron escapularios de insomnio
y en los ojos dibujaron la enquistada expresión
de lo efímero.

Cuando las garras abrieron el mar
y el aire fue gasóleo
y frío de chatarra,
ellas continuaron extendiendo el vacío
sobre las gándaras,
recogiendo los brillos de un sollozo,
saltando sobre la hoguera
que las redime del último aliento.

[90] PATRIA O NOCTURNO

Días de ceniza
calendario de días malgastados
en la espiral del timón
en los límites del bosque.

Impaciencia que nace
en la vigilia de un sol que se fatiga, en el insomnio
de esta arboleda que se incendia o en ese cercado de estrellas
que se apaga.

Fue en estas sombras
que soñé abejorro de verano, caudal de río,
calzar zuecos de cerne, aún vencido,
oler a nombre tuyo
y a memoria tuya.

[91] CHAMADA

Soñei que nos miraba a luz
e que a vida chamaba.

[92] BALADA

Que non che doa nada,
nin este extremo de río,
nin ese alento que xa se descompón
en prematuro silencio.

Que non che doa a vida
que a ausencia non che doa,
nin as grosas palabras dos exilios
nin a constante presenza das sombras.

Que non che doa eu,
nin as tardes de maio
con arrecendo a cerna,
nin os altos solpores do estío.

Que non che doa a dor do cuarto
que te garda,
nin a luz desta tarde
que te evita.

Que non che doa a terra
nin os nomes
que non pronunciarán os labios.
Que non che doa a nada.

12 de abril de 2002

[91] LLAMADA

Soñé que nos miraba la luz
y que la vida llamaba.

[92] BALADA

Que no te duela nada,
ni este extremo de río,
ni ese aliento que ya se descompone
en prematuro silencio.

Que no te duela la vida
que la ausencia no te duela,
ni las bastas palabras de los exilios
ni la constante presencia de las sombras.

Que no te duela yo,
ni las tardes de mayo
con aroma a cerne,
ni los altos crepúsculos del estío.

Que no te duela el dolor del cuarto
que te guarda,
ni la luz de esta tarde
que te evita.

Que no te duela la tierra
ni los nombres
que no pronunciarán los labios.
Que no te duela la nada.

12 de abril de 2002

[93] O ABRAZO

Poderiamos ir
á beirada de mañá
cando a sombra
das ondas.
Poderiamos ir
e inventar o abrazo.

13 de abril de 2002

[94] DOR

Foi no amencer
na hora posterior ao abrazo,
cando se inicia o canto dos paxaros
e se redime o aire,
cando o silencio decide regresar do silencio.

Retiña a túa man
e espreitaba un alento
que entrecortaba a vida,
a memoria, o futuro fugaz
sen a memoria túa.

Marchabas en sombra pola sombra
e no regreso imposible
xermolaba un eco, unha dúbida,
unha pregunta que asoma e esconde,
Cal é a extensión da ausencia,
da perda,
da orfandade?

14 de abril de 2002

[93] EL ABRAZO

Podríamos ir
a la orilla de mañana
cuando la sombra
de las ondas.
Podríamos ir
e inventar el abrazo.

13 de abril de 2002

[94] DOLOR

Fue en el amanecer
en la hora posterior al abrazo,
cuando se inicia el canto de los pájaros
y se redime el aire,
cuando el silencio decide regresar del silencio.

Retenía tu mano
y acechaba un aliento
que entrecortaba la vida,
la memoria, el futuro fugaz
sin la memoria tuya.

Marchabas en sombra por la sombra
y en el regreso imposible
brotaba un eco, una duda,
una pregunta que asoma y esconde,
¿Cuál es la extensión de la orfandad,
de la ausencia,
de la pérdida?

14 de abril de 2002

[95] MEMORIA

El centro no está inmóvil, sino quieto
María Zambrano

Quieta
como garza pero non inmóbil,
quizais adurmiñada
prendida a ti
a vós
ás olladas de antano,
soño de te soñar
espida e vertebral,
cálida coma a corrente
que transita
entre os ollos
dunha garza que dorme.

Fume de festa,
estourar de saloucos
no límite das órbitas,
tránsito, plástico
santo de flores que non brillan
pero envolven o recuncho das sombras.

Memoria
límite do día,
recendo a estío, soño de te soñar
abrideira e fértil, espida posesión ou teima
de ti,
por ti,
dos teus agromos.

[96] CREBAS

Insólitas as crebas
sobre o pálido ceo
da memoria.

[95] MEMORIA

El centro no está inmóvil, sino quieto
María Zambrano

Quieta
como garza pero no inmóvil,
quizás adormilada
prendida a ti
a vosotros
a las miradas de antaño,
sueño de soñarte
desnuda y vertebral,
cálida como la corriente
que transita
entre los ojos
de una garza que duerme.

Humo de fiesta,
explosionar de sollozos
en el límite de las órbitas,
tránsito, plástico
santo de flores que no brillan
pero envuelven el rincón de las sombras.

Memoria
límite del día,
aroma a estío, sueño de soñarte
naciente y fértil, desnuda posesión o insistencia
de ti,
por ti,
de tus brotes.

[96] RAQUE

Insólitos despojos
sobre el pálido cielo
de la memoria.

[97] TRADICIÓN

Había aquí
un pouso de deserto ou de fronteira,
un eco extremo de días
que foi estirpe,
que quixo ser semente.

Aquí
a lentura
facía medrar as cousas
cando non eran cousas,
reproducía o berro
cando só era regato,
cana de temón,
rincho de egua ou naufragar sen voz
da madrugada.

Pero hoxe
todo semella un rebulir de axóuxeres,
as lembranzas semellan codias
baixo o pó, croas ignoradas
baixo a estéril menstruación dos séculos.
Agora hai quen arrisca a vivir
nun aire sen palabras.

[98] HOMESICKNESS

Pecho a porta en Bayonne, traballo en Newark,
pero a miña emoción sempre está en Lira,
terreo da nenez e da memoria.
Vivo nesa patria pequena
de cara ao areal e á luz extrema
que respiraba mentres eu durmía.
Vivo nese remol,

[97] TRADICIÓN

Había aquí
un poso de desierto o de frontera,
un eco extremo de días
que fue estirpe,
que quiso ser simiente.

Aquí
la lentitud
hacía crecer las cosas
cuando no eran cosas,
reproducía el grito
cuando solo era germen,
caña de timón,
relincho de yegua o naufragar sin voz
de la madrugada.

Pero hoy
todo parece un brillo de sonajas,
los recuerdos parecen mendrugos
bajo el polvo, aldeas ignoradas
bajo la estéril menstruación de los siglos.
Ahora hay quien se arriesga a vivir
en un aire sin palabras.

[98] HOMESICKNESS

Cierro la puerta en Bayonne, trabajo en Newark,
pero mi emoción siempre está en Lira,
terreno de la niñez y de la memoria.
Vivo en esa patria pequeña
frente al arenal y a la luz extrema
que respiraba mientras yo dormía.
Vivo en ese rescoldo,

no lóstrego do faro, no retrouso a nugalla da saudade.
Érgome magoado
logo de cruzar estibadas de soños,
de traspasar balados de lembranzas.
Digo Sestelos, sextante, setestrelos,
meu xogo de palabras
no ceo diagonal que mira a fiestra
e penso que non son deste abismo
dilatado e convexo,
e non sei onde poñer os pés da madrugada.
Eu son do berro vexetal, do canto mineral do inverno,
do piñeiral que me habita,
do lameiro enchoupado de lentura,
das miñas tardes cóncavas.
Lupa, moa, lupario, pedregal, cadoiro,
ecuación de raposo,
canción de lagarteiro.
Afianzo o baleiro
nos estrobos da infancia e salfiro palabras
contra o tráfico, por saír deste frío que me abisma,
maiormente no solpor dos sábados.
Quixera ir pescar cando o abalo
ás golfeiras de area, á pedra da lagoa onde morreu un home,
e regresar cos ollos cheos
do sal das maragotas.
Mardelira, lírico, delirio de vivir coma un home,
con patria, casa, campa, cabaceira,
con música de abril
e mazanceiras
e a pegada solípede da pedra.

[99] AVES MIGRATORIAS

Retornan cada ano
coa fachenda dunha lingua estraña.
Compaña de verán

en el relámpago del faro, en el perezoso estribillo de la nostalgia.
Me levanto afligido
después de cruzar estivadas de sueños,
de traspasar cercados de recuerdos.
Digo Sestelos, sextante, siete estrellas,
mi juego de palabras
en el cielo diagonal que la ventana observa
y pienso que no soy de este abismo
dilatado y convexo,
y no sé donde poner los pies de la madrugada.
Yo soy del grito vegetal, del canto mineral del inverno,
del pinar que me habita,
del prado embebido de humedad,
de mis tardes cóncavas.
Lupa, Moa, lupario, pedregal, cascada,
ecuación de zorro,
canción de cernícalo.
Afianzo el vacío
en escálamos de infancia y salpico palabras
contra el tráfico, por salir de este frío que me abisma,
mayormente en el atardecer de los sábados.
Quisiera ir de pesca cuando la pleamar
a ensenadas de arena, a la piedra del lago donde se murió un hombre,
y regresar con los ojos llenos
de sal de maragotas.
Mardelira, lírico, delirio de vivir como un hombre,
con patria, casa, lápida, hórreo,
con música de abril
y pomares
y la huella solípeda de la piedra.

[99] AVES MIGRATORIAS

Retornan cada año
con la arrogancia de una lengua extraña.
Compañía de verano

a saudar camiños,
a se deter nas portas afirmando que limparán os ermos,
que fregarán a campa.

Presenzas transparentes que axiña se ausentan,
que coa mingua da luz regresan aos sábados do *clobe,*
e ás paisaxes da *flórida.*

[100] PEDREGAL

Cando a Moa ten touca
chuvia moita ou pouca

Ascende o pedregal por camiños que non levan a ningures,
coma algúns días,
xa sabes, esas mañás con touca sobre a fronte e os ollos
que nos deixan sen valor e sen ánimo.

Pero hai outros carreiros
que agatuñan coma un sol constante
entre as sombras de pedra
ás que un soplo de titán deu forma de aire.

-Campía onde o pedregal leveda-

Moitas noites eu soño cun refuxio alí,
no labirinto, entregado a alentar nas palabras
por lles dar forma,
coma se fosen rochas,
tamén elas coma aire.

saludando caminos,
parándose en las puertas afirmando que limpiarán lo yermo,
que fregarán la lápida.

Presencias transparentes que en seguida se ausentan,
que con el declive de la luz regresan a los sábados del *clobe,*
y a los paisajes de la *flórida.*

[100] PEDREGAL

> *Cando a Moa ten touca*
> *chuvia moita ou pouca*[2]

Asciende el pedregal por caminos que no llevan a ningún lugar,
como algunos días,
ya sabes, esas mañanas con toca sobre la frente y los ojos
que nos dejan sin valor y sin ánimo.

Pero hay otros senderos
que gatean como un sol constante
entre las sombras de piedra
a las que un soplo de titán dio forma de aire.

-Campiña donde el pedregal fermenta-

Muchas noches yo sueño con un refugio allí,
en el laberinto, entregado palpitar en las palabras
por darles forma,
como si fuesen rocas,
también ellas como aire.

---

2   El Monte Pindo -macizo formado por rocas de granito rosáceo que se eleva 640
metros sobre el mar- domina el paisaje de Lira y es referencia para los pescadores y navegantes
que surcan estas aguas. Cuando las nubes bajas cubren su cumbre más alta, A Moa (La Muela),
se dice popularmente que tiene toca y que es segura la lluvia (N. de la T.).

[101] ONDE SE ADORA

Subín contigo ata Onde se Adora
por ver de che sacar o mal
e ti prendiches
na constancia das rochas,
da súa calor visible,
na súa forma heroica.

Logo regresamos,
outeiro abaixo, en silencio,
transformados
tamén nós
en pedra.

[102] FISTERRA

Buzo do cabo no final do día
medrando no aire
coma alalá de sombra.

[103] OS DOUS CEREBROS

O golfiño ten dous cerebros:
un de andar polo mar,
outro de estar na casa,
afirmou Chuchía,
sentado coma sempre na banqueta
ao pé da fiestra.
Todos calaron
e no Pedra Pas, esa tarde,
bailaron compás

[101] Donde se Adora

Subí contigo hasta Donde se Adora
para intentar sacarte el mal
y tú prendiste
en la constancia de las rocas,
de su calor visible,
en su forma heroica.

Después regresamos,
colina abajo, en silencio,
transformados
también nosotros
en piedra.

[102] FISTERRA

Embocadura del cabo en el final del día
creciendo en el aire
como canción de sombra.

[103] LOS DOS CEREBROS

El delfín tiene dos cerebros:
uno de andar por el mar,
otro de estar en casa,
afirmó Chuchía,
sentado como siempre en la banqueta
al pie de la ventana.
Todos callaron
y en el Pedra Pas, esa tarde,
bailaron compás

de dous por catro
e pasodobres de cadernas vellas.

[104] O CABO DO MUNDO

O límite do día
transformou o sol en cabaliño de ouro,
fíxose órbita no extremo dos teus ollos
berce e canción cando a primeira sombra.

O demais foi misterio,
escuridade onde a luz se inicia.

de dos por cuatro
y pasodobles de cuadernas viejas.

[104] EL FIN DEL MUNDO

El límite del día
transformó el sol en caballito de oro,
se hizo órbita en el extremo de tus ojos
cuna y canción cuando la primera sombra.

Lo demás fue misterio,
oscuridad donde la luz se inicia.

MIŃO

(2007)

[105] SOMBRA DE LUZ

O río é un murmurio
de náufragos
un segredo
un misterio de espellos.

É
sombra de luz
o asombro de non ver
e de quererte,
unha distancia
que a ollada non alcanza
un delirar,
un tránsito.

[106] ESTIRPE I

Souben de ti
na aira das cerdeiras,
no voo nupcial do merlo
que debullaba vermes
no limiar do río.

Vinte vir, alento,
vida que agroma, niño, migraña,
intuición da luz, serodia axitación
dun medo escuro rabuñando no tempo.

Oín dicir glaucoma,
acuática constancia, enchente, escoitei bater
a cega figuración da avoa
cando a nada era todo.

[105] SOMBRA DE LUZ

El río es un murmullo
de náufragos
un secreto
un misterio de espejos.

Es
sombra de luz
el asombro de no ver
y de quererte,
una distancia
que la mirada no alcanza
un delirar,
un tránsito.

[106] ESTIRPE I

Supe de ti
en el huerto de los cerezos,
en el vuelo nupcial del mirlo
que picoteaba gusanos
en el umbral del río.

Te vi venir, aliento,
vida que brota, nido, migraña,
intuición de la luz, tardía agitación
de un miedo oscuro arañando el tiempo.

Oí decir glaucoma,
acuática constancia, creciente, escuché golpear
la ciega figuración de la abuela
cuando la nada era todo.

Vinte levedar
burbulla no lento transpirar do fondo.

Souben de ti, figueira, formigueiro,
fume, fraga, fartura,
moxega reventada de acios, fermentada seitura
ávida de nacer
coma regato,
coma serpe que esperta
na extenuación das cópulas
na floración do castro.

[107] INMINENTE

Todo inminente,
coma o río e o seu caudal
de sombra,
paréntese
entre olladas de luz.

[108] INOCENCIA

Á avoa Aniceta

Toda a inocencia quedou contida alí,
na artesa de recendo a pan,
nas faragullas da memoria,
prendida ás regandixas, acugulada na cerna.

Toda a inocencia nas rebandas longas
de bola resesa e unha onza de chocolate negro de facer
e así, coma ofrecidos,
baixar á fonte da cagalla

Te vi levedar
burbuja en el lento transpirar del fondo.

Supe de ti, higuera, hormiguero,
humo, bosque, abundancia,
tolva rebosante de racimos, fermentada cosecha
ávida de nacer
como arroyo
como serpiente que despierta
en la extenuación de las cópulas
en la floración del castro.

[107] INMINENTE

Todo inminente,
como el río y su caudal
de sombra,
paréntesis
entre miradas de luz.

[108] INOCENCIA

A la abuela Aniceta

Toda la inocencia quedó adherida allí,
a la artesa con aroma de pan
a las migas de memoria,
prendida a las ranuras, agolpada en la médula.

Toda la inocencia en las rebanadas grandes
de mollete reseco y una onza de chocolate negro para hacer
y así, como ofrecidos,
bajar a la fuente del sirle

a albiscar os cágados,
a frescura do río
que por aquí camiñaba amplo e feliz
coma unha alborada de estío.

Toda a inocencia no teu mandil
na túa ollada cega e de chuvia que escoitaba, que apalpaba,
que acollía,
que aínda agora, ás veces, me recolle e recibe,
trabe de tanta vida.

[109] CANCIÓN

A Manuel Curros Enríquez

Foron días de prata,
días e días de versos coma cegoñas que beben
nubes brancas,
serodios versos que Lela repetía
na cociña de recendos de pan
e fumegar de esperas.
Non eran só palabras recitadas,
salmodias para o insomnio e para o medo,
era ecoar de estirpe, saloucos, lumeares,
misterios de cristal no limiar dos bicos,
nos pasos do faiado, no compás do reloxo daquela xa exhausto.
Non había libros, só a memoria confiada e incauta.
Medramos no dicir da aureana,
no voar das andoriñas náufragas,
no vapor de saudades e de río,
na reigaña do canto que abría os corazóns ata o abrazo.

a observar renacuajos,
la frescura del río
que por aquí caminaba expansivo y feliz
como una alborada de estío.

Toda la inocencia en tu mandil
en tu mirada ciega, de lluvia que escuchaba, que palpaba,
que acogía,
que aún ahora, a veces, me recoge y recibe,
puntal de tanta vida.

[109] CANCIÓN

A Manuel Curros Enríquez

Fueron días de plata,
días y días de versos como cigüeñas que beben
nubes blancas,
tardíos versos que Lela repetía
en la cocina con aromas de pan
y humear de esperas.
No eran solo palabras recitadas,
salmodias para el insomnio y contra el miedo,
era ecoar de estirpe, sollozos, resplandores, misterios de cristal en
el umbral de los besos,
en los pasos del desván, en el compás del reloj entonces ya exhausto.
No había libros, solo memoria confiada e incauta.
Crecimos en el decir de la aureana[3],
en el vuelo de las golondrinas náufragas,
en el vapor de tristezas y de río,
en la rendija del canto que abría el corazón hasta el abrazo.

---

3   Ser mítico femenino de aspecto joven que habita en ríos y lagos. Cuenta la leyenda que da buena suerte encontrársela. Antes de la llegada de los romanos, en las riberas del río Miño a su paso por Ourense, las mujeres encargadas de lavar la tierra en busca de oro recibían el nombre de oreanas (N. de la T.).

Fomos contigo estrofa, vento, ronsel,
raposa que recollía a noite, cálido son.
Foi nosa a túa esperanza.

[110] LÁZARO

A José Ángel Valente

O aire, ingrávido, parece suspender esta luz do crepúsculo.
Máis alá do horizonte o río é unha fonda paréntese de montañas
escuras, de palabras. Entre as cruces, unha muller alumea relicarios
e flores. Un merlo canta entre os ciprestes, ou era un reiseñor?
Algún paxaro canta na intemporal ascensión da tarde. Sen epitafio
o granito semella un baleiro nunca antes descrito, un centro, a
poderosa expresión da ausencia. Mentres poida dicir, non morrerei,
murmura a auga da fonte onde a muller acode para embeber as
flores, mentres poidas dicir, agora que reiseñor e ti sodes o mesmo.

[111] AS AUGAS

O avó gargarexaba
coas augas podres
que ti ías buscar contra a alborada,
máis alá da ponte maior, ao pé do río.
Gargarexaba
por lavar as palabras
non fora ser
que aínda os da camisa vella.

Fuimos contigo estrofa, viento, estela,
recogiendo la noche, cálido acorde.
Fue nuestra tu esperanza.

[110] LÁZARO

A José Ángel Valente

El aire, ingrávido, parece suspender esta luz del crepúsculo.
Más allá del horizonte el río es un hondo paréntesis de montañas
oscuras, de palabras. Entre las cruces, una mujer ilumina relicarios
y flores. Un mirlo canta entre los cipreses, ¿o era un ruiseñor?
Algún pájaro canta en la intemporal ascensión de la tarde. Sin
epitafio el granito parece un vacío nunca antes descrito, un centro,
la poderosa expresión de la ausencia. Mientras pueda decir, no
moriré, murmura el agua de la fuente donde la mujer acude para
empapar las flores, mientras puedas decir, ahora que ruiseñor y tú
ya sois lo mismo.

[111] LAS AUGAS

El abuelo gargarizaba
con las aguas cluecas
que tú ibas a buscarle al alba
más allá del puente mayor, al pie del río.
Gargarizaba
para lavar las palabras
no fuera a ser
que aún los de la camisa vieja⁴.

---

4   Camisa vieja es el nombre que recibían los miembros de Falange, partido que
apoyó el golpe militar de Francisco Franco contra la II República (N. de la T.).

[112] 1936

Entre as silvas, Victoria,
un corazón de amoras encarnadas
unha ilusión perdida.

Entre a vía e o río,
un soño derramado,
Victoria.

[113] O RITMO DA CHUVIA

En Oira a chuvia
sabe a flor de terra e gran,
pinga grosa
de mazá, recendo a piñeiral
son que se mira azul
na órbita do gabián.

Mansas lembranzas coma espellos
ollos de luz coma un abrazo,
o doce aloumiño que nos garda
nunca anubrará.

[114] OS MOURÓNS

Eu estraguei o helicóptero
no areal do río, na revolta dos Mouróns,
mentres papá pescaba.
O outeiro e as acacias acugulaban a tarde
e eu chorei as bágoas
da nenez perdida.

[112] 1936

Entre las zarzas, Victoria,
un corazón de moras encarnadas
una ilusión perdida.

Entre la vía y el río,
un sueño fracasado,
Victoria.

[113] EL RITMO DE LA LLUVIA

La lluvia en Oira
sabe a flor de tierra y grano,
gruesa gota
de manzana, aroma a pino
y sonido azul
en órbita de gavilán.

Mansos recuerdos como espejos
ojos de luz como un abrazo,
la dulce caricia que nos guarda
nunca nublará.

[114] LOS MOURÓNS

Yo estropeé el helicóptero
en el arenal del río, en el remanso de los Mouróns,
mientras papá pescaba.
La colina y las acacias colmaban la tarde
y yo lloré las lágrimas
de la niñez perdida.

Aquel serán non houbo peixes.
Axiña
o outeiro sucumbiu á dinamita
e o areal ficou asulagado na negrura do encoro.
O motor do helicóptero
armado para defender
averiara aquela tarde
no areal dos Mouróns,
no roibén
do negado.

[115] O BAR FLOTANTE

Sobre bidóns de aire
o bar,
a barca,
os remos choupeando
nun desacougo manso
de rapaz.

Baixo a sombra das canas
a calor do papá,
os risos do barqueiro,
os bicos bébedos.

Ía sol
no centro das olladas,
na corrente admirable,
destino de ser mar
por ser de auga.

Ía sol
na forza do papá de pulso escuro,
no corpo azul das aureanas núas.

Era no bar flotante
de verán e a louza, o cristal, o xeo,

Aquella tarde no hubo peces.
Pronto
la colina sucumbió a la dinamita
y el arenal se ahogó en el oscuro silencio del embalse.
El motor del helicóptero
armado para defender
se averió aquella tarde
en el arenal de los Mouróns,
en el arrebol
de lo negado.

[115] EL BAR FLOTANTE

Sobre bidones de aire
el bar,
la barca,
los remos chapoteando
en una inquietud mansa
de niño.

Bajo la sombra de las cañas
el calor de papá,
las risas del barquero,
los besos embriagados.

Hacía sol
en el centro de las miradas,
en la corriente admirable,
destino de ser mar
por ser de agua.

Hacía sol
en la fuerza de papá de pulso oscuro,
en el cuerpo azul de las aureanas desnudas.

Era en el bar flotante,
en verano, la loza, el cristal, el hielo,

o porrón do que bebían
os celebrados heroes de sifón:
o Toñito Patata, o Capitán Bombilla,
a Concha do cigarro.

Foi nun verán de bar e de barcas
e de aire,
na flotante memoria das sombras.

[116] O BAÑO

Bañabámonos nel
pero sempre lle tivemos medo
que había limo no fondo
e os pés esvaraban en coios
e negrura,
e tiña pozas logo do cachón
e entre as pontes
remuíños nos que aniñaba un misterio.

Diciamos canción
pero era calafrío
e regresabamos, no carrito vermello
cheirando a lama fresca, a carpaza e a sábrego.

Tiñamos medo
de mirármonos nenos
nos seus ollos de vello,
no silenciado sangue
das pucharcas,
evitabamos o seu abrazo de verán e de argazo,
de pozo,
de remuíño escuro.

el porrón del que bebían
los celebrados héroes de sifón:
Toñito Patata, el Capitán Bombilla,
Concha la del cigarro.

Fue en un verano de bar, de barcas
y de aire,
en la flotante memoria de las sombras.

[116] EL BAÑO

Nos bañábamos en él
pero siempre le tuvimos miedo
que había limo en el fondo
y los pies resbalaban en guijarros
y negrura,
y tenía charcas después del borbollón de espuma
y entre los puentes
remolinos en los que anidaba un misterio.

Decíamos canción
pero era escalofrío
y regresábamos, en el carrito[5] encarnado
oliendo a cieno fresco, a brezo y a sabre.

Teníamos miedo
de vernos niños
en sus ojos de viejo,
en la silenciada sangre
de las charcas,
evitábamos su abrazo de verano y de alga,
de pozo,
de remolino oscuro.

---

5   Carrito es, en Ourense, la denominación popular de los autobuses urbanos (N.
de la T.).

[117] OIRA

Seredes coma o río, diciánnos de nenos, entoaredes salmodias minerais, aleves cánticos; levaredes flores de auga nos ollos, beizos de lique e mel, coma aureanas.

Descendían elas do castro e dos morogos, por congostras de pasos e de estrume e prendían na luz aquel cantar de aire: "alecrín, alecrín dourado...", a cinco voces e nós soñabamos mulleres de ouro bañadas na regueira, xigantas do amor, xacias para empreñar a terra, cóbregas mansas, lameiros que calaban as secretas lembranzas dos silencios que o río apazugaba no relanzo da tarde.

Señoras da memoria repetían, seredes coma o río, e nós, ollando o monte escuro dos balados, reconstruïamos deuses de séculos e lama, santos de barba encoiñada, aureanas co sorrir de escuma.

As horas eran lentas e o negrillo aínda acollía avésporas de estío, carpazas desprendidas das palabras, noces almibaradas de bicos e de rosas, e sentados na pedra, xunto á casa, vendo chegar as sombras, elas repetían, seredes coma as augas.

Aroma comunal do xantar que extraviamos, xaneira dos amaros festivos, voces, foguetes, cantos, diadema do reloxo alumeando fatigadas reliquias e deshoras.

Seremos o ecoar daqueles remuíños que asulagaron as bágoas e a memoria. Coma rabazas, seremos, enfiando nas pontes a nostalxia doutros días, saloucos, lembranzas dun vivir accidental, por todos cobizado e por todos perdido.

[117] OIRA

Seréis como el río, nos decían de niños, entonaréis salmodias minerales, leves cánticos; llevaréis flores de agua en los ojos, labios de liquen y miel, como aureanas.

Descendían ellas del castro y los madroños, por senderos de pasos y de estiércol y prendían en la luz aquel cantar de aire: "alecrín, alecrín dorado...", a cinco voces y nosotros soñábamos mujeres de oro bañadas en el torrente, gigantas del amor, nereidas para preñar la tierra, culebras mansas, prados que callaban los secretos recuerdos de silencios que el río sosegaba en el relanzo de la tarde.

Señoras de la memoria repetían, seréis como el río, y nosotros, mirando el monte oscuro de las cercas, reconstruíamos dioses de siglos y barro, santos de barba empedrada, aureanas con sonrisa de espuma.

Las horas eran lentas y el negrillo aún acogía avispas de estío, brezo desprendido de las palabras, nueces almibaradas de besos y de rosas, y sentados en la piedra, junto a la casa, viendo llegar las sombras, ellas repetían, seréis como las aguas.

Aroma comunal del almuerzo extraviado, afán de los amaros[6] festivos, voces, cohetes, cantos, diadema del reloj que alumbra fatigadas reliquias y deshoras.

Seremos el eco de aquellos remolinos que sumergieron lágrimas y memoria. Como sargazos, seremos, hilvanando a los puentes la nostalgia de otros días, sollozos, recuerdos de un vivir accidental, por todos deseado y por todos perdido.

---

6   San Amaro es el patrón de la aldea natal del escritor, Oira. Su fiesta se celebra el 15 de enero y ha marcado toda la infancia del autor (N. de la T.).

[118] NOVEMBRO

Viña novembro
coma un home
que chegase ata a porta,
silandeiro,
impreciso,
sen máis destino
que o devir
de sombra.

Era novembro
e un alento de fume
nos recunchos do patio,
a calor dos magostos
o viño inaugural e o frío
nas salmodias da escola
e no silencio branco.

Era novembro
de escuras augas novas
de crisantemos contra a cima
da aira, de matanza
e braseiro nos pés
cando a noite durmía e transpiraba febres
e saloucos.

[119] NOCTURNO

Días de cinsa,
calendarios de horas derramadas
na espiral extensión
dos soños e do abrazo.
Impaciencia do lobo
prateada vixilia

[118] NOVIEMBRE

Venía noviembre
como un hombre
que llegase hasta la puerta,
silencioso,
impreciso,
sin más destino
que el devenir
de sombra.

Era noviembre
y un hálito de humo
en los rincones del patio,
el calor de los magostos
el vino inaugural y el frío
en las salmodias de la escuela
y en el silencio blanco.

Era noviembre
de oscuras aguas nuevas
de crisantemos en la parte superior
del huerto, de matanza
y brasero en los pies
cuando la noche dormía y transpiraba fiebres
y suspiros.

[119] NOCTURNO

Días de ceniza,
calendarios de horas esparcidas
en la espiral extensión
de sueños y abrazos.
Impaciencia del lobo,
plateada vigilia

dun deus que se fatiga,
cerva que sempre bebe
na fonte dos desvelos,
ventre de bosque
pechado sobre si.

[120] SIBONEY

Baixo o lintel
o disco,
o gramófono,
o aire
que te incluía
no círculo de escuros tons e de sons cálidos.
Ti observabas dende o recuncho das vacas
máis alá,
do outro lado,
na ribeira de espellos.
Demorabas nos corpos
na corrente carnal
que albergaba o desexo,
na beirada da sombra,
e tamén ti cantabas.

[121] A PERLA

Nos faiados da nenez
xoguei a me esconder da agonía da luz
do saloucar dos días.

Pero veu a chuvia
e a constancia do río
e o canto dos paxaros nos piñeiros mortos

de un dios que se fatiga,
cierva que siempre bebe
en la fuente de los desvelos,
vientre de bosque
cerrado sobre si.

[120] SIBONEY

Bajo el dintel
el disco,
el gramófono,
el aire
que te incluía
en el círculo de oscuros tonos y de sonidos cálidos.
Tú observabas desde el rincón de las vacas
más allá,
del otro lado,
en la orilla de espejos.
Te demorabas en los cuerpos
en la corriente carnal
que albergaba el deseo,
en el ribazo de sombra,
y también tú cantabas.

[121] LA PERLA

En los desvanes de la niñez
jugué a esconderme de la agonía de la luz
del sollozar de los días.

Pero vino la lluvia
y la constancia del río
y el canto de los pájaros en los pinares muertos

e xa non houbo
ocultación,
só a inocente crueldade da perla.

Baleiro e nu
quedei baixo o orballo
lonxe dos faiados
onde leveda o alcanfor,
onde se elevan as formas.

[122] ALZHEIMER

Al, al, al, toc, toc, merzei, merzei, non me discutas que te..., mátote, que te..., mátote, almer, eu sei ben como se di, almer, vas ti dicirme a min o que eu xa sei. Tugüi, tugüi, tugüi, cacaca, cacaca, bonito, aaaleeeee, tugüi, tugüi, tugüi, chas, chas, chas, chas, clac, clac, cocorico, cocorico, cocorico, bonitiño, pequeniño. Subir, subir, subir, tremendísimo, bravío de arboreda, enormísimo, un sitio de auga altísimo, grandísimo, un río de auga, coma un mar de auga, coma un estanque de auga, había coma auga e unha ponte así, para pasar así, de madeira e chegabas a Buenos Aires e xa está. Baixar, baixar, baixar, si que estiven alí, máis dunha vez. Na casa teño libros moi bos e eu miro neles.

> A ribeira era o perfil das túas coxas o fluír do riso
> esfarelado no teu cantar de río,
> lembranza do papá e o clarinete, habaneira ondeando
> entre as cerdeiras.
> Frecha. Branco. Auga. Eras río do río, aureana de abril,
> cuqueira de regato e de salgueiro.

Aos arrequetepinchos que estaba baixo o mostrador e agora doulle a volta para que che dea a volta a ti, entendes? Para que cheguemos á pía. Quen é o chirilollo? O que ten a núa túa.

y ya no hubo
ocultación,
solo la inocente crueldad de la perla.

Vacío y desnudo
me quedé bajo el orvallo
lejos de los desvanes
donde fermenta el alcanfor,
donde se elevan las formas.

[122] ALZHEIMER

Al, al, al, toc, toc, merzei, merzei, no me discutas que te...,
te mato, que te..., te mato, almer, yo sé bien como se dice, almer,
vas tú a decirme a mí lo que yo ya sé. Tugüi, tugüi, tugüi, cacaca,
cacaca, bonito, aaaleeeee, tugüi, tugüi, tugüi, chas, chas, chas, chas,
clac, clac, cocorico, cocorico, cocorico, bonitito, pequeñito. Subir,
subir, subir, tremendísimo, salvaje de arboleda, enormísimo, un
sitio de agua altísimo, grandísimo, un río de agua, como un mar
de agua, como un estanque de agua, había como agua y un puente
así, para pasar así, de madera y llegabas a Buenos Aires y ya está.
Bajar, bajar, bajar, sí que yo estuve allí, más de una vez. En casa
tengo libros muy buenos y yo los miro.

> *La ribera era el perfil de tus muslos el fluir de la risa*
> *desmenuzada en tu cantar de río,*
> *recuerdo de papá y el clarinete, habanera ondeando*
> *entre los cerezos.*
> *Flecha. Blanco. Agua. Eras río del río, aureana de abril,*
> *cuquilla de sauce y de torrente.*

A los arrequetepinchos que estaba debajo del mostrador y
ahora le doy la vuelta para que te dé la vuelta a ti ¿entiendes? Para
que alcancemos la pila. ¿Quién es el chirilollo? El que tiene la
desnuda tuya.

Os brazos nus invadindo o regato
onde as cóbregas mansas,
o río, o bar flotante e o seu sopor de canas,
o barqueiro que vén para adorarte, para esperarte,
o remador levándote ata o centro.

Nena. Margarida, margarida, margarida, teño présa e con esa margarida que teño estame saltando a dor. Eu coñézoas, son coma ratas, ratas, ratas... Quere cartos... aquí, aquí, aquí, veña, póñanseme os paus. A ver quen puxo o pau a chuchurruchiar? Mira o que me vai facer, non me vai facer nada, chou, chou, chou, chou... meniñas, pequerrechiñas, vide, vide... Nená!, Nená!, Nená! Xa faremos o que poidamos. Ímoslle botar un palentrón que vaise quedar estralentón. Sabes que é a cariña? Ponte ben retocada, ponte ben. Todo isto está limpiño e ben e que non me veña espetar as unllas, que as unllas non llelas dou, que eu tamén quero cartos para o meu xantar.

Importancia da tarde, furnas, saraiba, escapularios.
Viviamos por cantar, por recitar os versos da memoria,
polas coplas dos maios
e o lameiro e a vaca e a merenda
e os risos no acubillo das sombras.

Eu aproveitei o tempo para vós e agora el non sei onde está, pero xa non temos que chorar que estamos arranxados. Eu con esta churrilada non a quero para nada. A merenda? Eu xa comín. O dono de parajuin... Teño que entrenar toda a noite. Cando me caian a min todos estes. Fai auga cada tres pasos. Arremontolados, xuntos, limpas están, pero a min non me axuda a matar. Imos mirar primeiro o que nos costa esta parte, fun este mes que teño que empezar agora e que veña o verán, eu xa o deixaba e o poñía abaixo e o que o queira comer, que o coma, polo menos aí está o rapaz limpo, arranxado e non vir cunha perna toda de trapallada, así preparado, no verán non importa, pero rapaz sinxelo, no inverno, cando vai frío, escondémonos coma raios. Eles pedíronme se eu quería aceptalos para traballar alí, a min dábanme ben de comer.

Plateas de silencio, eclipses, equinoccios,
santos almibarados,

Los brazos desnudos invadiendo el arroyo
donde las culebras mansas,
el río, el bar flotante y su sopor de cañas,
el barquero que viene para adorarte, para esperarte,
el remador llevándote hasta el centro.

Niña. Margarita, margarita, margarita, tengo prisa y con esa margarita que tengo me está saltando el dolor. Yo las conozco, son como ratas, ratas, ratas... Quiere dinero... aquí, aquí, aquí, venga, pónganseme a los palos. ¿A ver quién puso el palo a chuchurruchiar? Mira lo que me va a hacer, no me va a hacer nada, chou, chou, chou, chou... niñas, pequeñitas, venid, venid... ¡Nená!, ¡Nená!, ¡Nená! Ya haremos lo que podamos. Le vamos a echar un palentrón que se va a quedar estralentón. ¿Sabes qué es la carita? Retócate bien, bien. Todo esto está limpito y bien y que no venga a clavarme las uñas, que las uñas no se las doy, que yo también quiero dinero para mi almuerzo.

Importancia de la tarde, cuevas, granizo, escapularios.
Vivíamos por cantar, por recitar los versos de la memoria,
por las coplas de los mayos
y el prado y la vaca y la merienda
y las risas en el escondite de las sombras.

Yo aproveché el tiempo para vosotros y ahora él no sé donde está, pero ya no tenemos que llorar que estamos arreglados. Yo con esta churrilada no la quiero para nada. ¿La merienda? Ya comí. El dueño de parajuin... Tengo que entrenar toda la noche. Cuando me caigan a mí todos estos. Hace agua cada tres pasos. Amontonados, juntos, limpias están, pero a mí no me ayuda a matar. Vamos a mirar primero lo que nos cuesta esta parte, fui este mes que tengo que empezar ahora y que venga el verano, yo ya lo dejaba y lo ponía abajo y el que lo quiera comer, que lo coma, por lo menos ahí está el niño limpio, arreglado y no venir con una pierna toda de trapallada, así preparado, en verano no importa, pero niño sencillo, en invierno, cuando hace frío, nos escondemos como rayos. Ellos me pidieron si yo quería aceptarlos para trabajar allí, a mí me daban bien de comer.

> *almofía que latexaba coas entrañas do porco*
> *e da brancura, o compás do reloxo*
> *naquel cuarto do fondo que recendía a vellez*
> *e a contos e a tabaco.*

A nena non sei se ten algo de cartos, pero o primeiro foi como se chamaba?. Zeimer. El tamén se esconde aí co conde, sabes quen é o conde? Vai e se hai un animaliño sácao e así a cousa vaise medrando pero os outros non valen un trapo, ela colleu os carecos, dixo que a vida dela era así, que lle gustaba o sitio, tiña motivos e aínda teñen ben pesetas e é tempo de ir apañalas. Nin fai falta ser repugnante nin meterse na cabeza de ninguén e logo preparar un pouco de carne e iso foi o que fixemos entre todos. Plas, plas, plas. Chamoume o Manolito. En dous ou tres días xa nos teñen queimados e feitas as cilindrezas, todos de abaixo, de arriba non me veñas buscar moitas. O chisme do carrolo xa o teño posto no pescozo. A fantasma de arriba vai para fantasma de abaixo. Deixounos coma sapos. Quedo feita unha chona, así sen un rabo moi retorto. Podemos ir acabando a cintura para quedar coma o carbón. Todo pola patria e logo temos que meternos aquí debaixo, coma se fora verza de agulla, e agora durmiremos aquí ata as sete da mañá. O que sea está despildurado. Sabes o que che traía? Non, non, e que eles aquí soltaron o momento hoxe. Paiasas! As cousas hai que ter conta delas, non deixar que rompan nin chanfarranchan.

> *As tardes, o negrillo da casa, o recender da herba,*
> *as tardes, a pedra do serán*
> *e a rapañota dos figos no esmorecer da tarde,*
> *e aloumiños e revistas a tres reás no cuarto escuro,*
> *non lembras?*
> *no estreito tránsito da nenez e das sombras.*

Que ides coller? Escarallarme o único moneco que tiña. Todo o que podo arranxar no aire, non o coida o chan. Que me falta? Unha verza. Temos que facer unha señora. Aquí xa non me deixan pasar. Eu xa marcho e adeus. A min dame igual un que dous, que con un xa me chega. O cu xa está. Chacarracha, chacarracha, carracha, carracha. Sabedes o que un día imos facer? Eu xa estaba cansa de andar colgando nos zarangallos, todas esas pimpleces. A muller que

Plateas de silencio, eclipses, equinoccios,
santos almibarados,
jofaina palpitando con la entraña del cerdo
y la blancura, el compás del reloj
en aquel cuarto del fondo que olía a vejez
y a historias y a tabaco.

La niña no sé si tiene algo de dinero, pero lo primero fue
¿cómo se llamaba? Zeimer. Él también se esconde ahí con el conde
¿sabes quién es el conde? Ve y si hay un animalito sácalo y así la
cosa va creciendo pero los otros no valen un trapo, ella cogió los
trastos, dijo que la vida de ella era así, que le gustaba el sitio, tenía
motivos y aún tienen muchas pesetas y es tiempo de ir a recogerlas.
Ni hace falta ser pesado ni meterse en la cabeza de nadie y después
preparar un poco de carne y eso fue lo que hicimos entre todos.
Plas, plas, plas. Me llamó Manolito. En dos o tres días ya nos tienen
quemados y hechas las cilindrezas, todos de abajo, de arriba no me
vengas a buscar muchas. La cosa del cogote ya la tengo puesta en
el pescuezo. El fantasma de arriba va para fantasma de abajo. Nos
dejó como sapos. Se quedó hecha una chona, así sin un rabo muy
retorcido. Podemos ir acabando la cintura para quedar como el
carbón. Todo por la patria y después tenemos que meternos aquí
debajo, como si fuese berza de aguja, y ahora dormiremos aquí
hasta las siete de la mañana. Lo que sea está despildurado. ¿Sabes
lo que te traía? No, no, y que ellos aquí soltaron el momento hoy.
¡Payasas! Hay que estar pendiente de las cosas, no dejar que se
rompan ni chanfarranchan.

Las tardes, el negrillo de la casa, el olor de la hierba,
las tardes, la piedra del crepúsculo
y el robo de los higos al caer la tarde
y caricias y revistas a tres reales en el cuarto oscuro,
¿no lo recuerdas?
en el estrecho tránsito de la niñez y de las sombras.

¿Qué vais a coger? Estropearme el único muñeco que tenía.
Todo lo que puedo arreglar en el aire, no lo cuida el suelo. ¿Qué
me falta? Una berza. Tenemos que hacer una señora. Aquí ya no
me dejan pasar. Yo ya me marcho y adiós. A mí me da igual uno

na vida non tivera nada, miro e quedáballe todo cañón, o que che sobra a ti e o que che falta. Todas las mañanitas viene la aurora y se lleva la noche triste y traidora, otra vez vuelve el alba, el sol, la alegría, llenando de esperanza...

> *Ouh da desmemoria! o labirinto de ti, a nada*
> *toda na revolta do sol e no cristal de inverno.*

Tugüi, tugüi, tugüi.

Quen es? Escarrachaflán, escarrachaflán e auga, auga, moita auga, arriba é enormísimo, e subir, subir, subir, por un sitio de auga e chegas e baixas, baixas, baixas, e xa está. Al, al, eu xa sei que é iso, almere xa está, punto redondo.

> *A desmemoria é un frío, é sábrego no espello,*
> *é prescindir de ti, pero queréndote.*
> *A desmemoria de ti,*
> *a desmemoria nosa.*

[123] RESURRECCIÓN

I
Chamáchesme.
Eu acudín a ti
sen outra condición
que te abrazar, pero non houbo pacto.
Leváchesme
entre burbullas e sombras.
Fundíasme
na precipitada ambición
de quen ignora a espera.
Souben entón do remuíño que tes
por corazón, do silencio e do frío.

que dos, que con uno ya me llega. El culo ya está. Chacarracha, chacarracha, carracha, carracha. ¿Sabéis lo que vamos a hacer un día? Yo ya estoy cansada de andar colgando los zarangallos, todas esas pimpleces. La mujer que en la vida no tuviese nada, miro y le quedaba todo cañón, lo que te sobra a ti y lo que te falta. Todas las mañanitas viene la aurora y se lleva la noche triste y traidora, otra vez vuelve el alba, el sol, la alegría, llenando de esperanza...

> *¡Oh de la desmemoria! el laberinto de ti, la nada*
> *toda en la curva del sol y en el cristal de invierno.*

Tugüi, tugüi, tugüi.
¿Quién es? Escarrachaflán, escarrachaflán y agua, agua, mucha agua, arriba es enormísimo, y subir, subir, subir, por un sitio de agua y llegas y bajas, bajas, bajas, y ya está. Al, al, yo ya sé que es eso, almere ya está, punto redondo.

> *La desmemoria es un frío, arena en el espejo,*
> *es prescindir de ti, pero queriéndote.*
> *La desmemoria de ti,*
> *nuestra desmemoria.*

[123] RESURRECCIÓN

I
Me llamaste.
Yo acudí a ti
sin otra condición
que abrazarte, pero no hubo pacto.
Me llevaste
entre burbujas y sombras.
Me hundías
en la precipitada ambición
de quien ignora la espera.
Supe entonces del remolino que posees
por corazón, del silencio y del frío.

De quen a man?
Non lembro o rostro,
era, iso si, muller de auga
que te venceu,
que me deixou na herba onde só era
o sol e unha burbulla única
de luz.

II
Non é por ti que vivo.
É polos ollos dela,
pola forza dos seus brazos,
polo alento vermello de verán
cumprido nos seus labios.

É por alguén que non lembro
que agora te escribo.

[124] INVERNO

Augas novas
escuros soños de cerna
no límite do día,
tellados que evaporan ausencias
narcotizando o ser do santo barbado que promete
séculos de espera.
Inverno, lento silencio de brétemas
na ribeira durmida,
na fiestra que se pecha,
no paxaro do frío.

¿De quién la mano?
No recuerdo el rostro,
era, eso sí, mujer de agua
que te venció,
que me dejó en la hierba donde solo era
el sol y una burbuja única
de luz.

II
No es por ti que vivo.
Es por los ojos de ella,
por la fuerza de sus brazos,
por el aliento rojo de verano
cumplido en sus labios.

Es por alguien que no recuerdo
que ahora te escribo.

[124] INVIERNO

Aguas nuevas
oscuros sueños de cerne
en el límite del día,
tejados que evaporan ausencias
narcotizando el ser del santo barbado que promete
siglos de espera.
Invierno, lento silencio de nieblas
en la ribera dormida,
en la ventana que se cierra,
en el pájaro del frío.

[125] ESTIRPE II

O labirinto
era o negrillo.
Longas pólas de vellas ulmeiras furadas de corazón,
vizosa
consumación das augas,
berce dos abellóns.

Sementáraos a man dun devanceiro
circundando os cabañóns do sol
e a lenta velocidade do río,
dándolle xeito ao camiño e razón á casa.

Tiñan algo, os negrillos,
acaso alma,
pero non tempo, non un dicir mañá
e albiscar o futuro.
Alma para alentar estacións de vermes
e desfollas de brétema.
Foron entón coma saloucos nus
crisálidas de loito, soas, sós,
contra a arroutada das máquinas.

[126] PONTE CASTRELO

A Ramón Fernández Goberna —Calazas-,
ferroviario e amigo da casa, namorado do aire.
14 de setembro de 1936

Eu só sei de ti noutras lembranzas,
pero aprendín a túa boca de canción e de flores,
os labios teus que lucían a mañá e que bicaban o aire.
Sei tamén da crispación das mans finalmente amputadas

[125] ESTIRPE II

El laberinto
era el negrillo.
Largas ramas de viejos olmos perforados de corazón,
cuna de abejorros,
ubérrima
consumación de las aguas.

Los había sembrado la mano de un antepasado
circundando los surcos del sol
y la lenta velocidad del río,
dándole forma al camino y razón a la casa.

Tenían algo, los negrillos,
acaso alma,
pero no tiempo, no un decir mañana
y otear el futuro.
Alma para dar aliento a estaciones de gusanos
y nieblas deshojadas.
Fueron entonces como sollozos desnudos
crisálidas de luto, solas, solos,
contra la ira de las máquinas.

[126] PONTE CASTRELO

A Ramón Fernández Goberna –Calazas–, ferroviario y amigo de casa,
enamorado del aire.
14 de septiembre de 1936

Yo solo sé de ti en otros recuerdos,
pero aprendí tu boca de canción y de flores,
tus labios que hacían lucir la mañana y que besaban el aire.
Sé también de la crispación de las manos finalmente amputadas

e non consigo imaxinar a noite.
Síntote na meixengra que sempre regresa
na amizade que navegou a estiaxe, pucharca tras pucharca,
mágoa tras mágoa e te buscou no fondo
onde só é o perdido, no baleiro do van
que cae e que se eleva nunha dor indivisible.
Tempo de revelación.
Será este río de voces
quen berrará os nomes
un por un, dun lado a outro
da luz, cruzando a sombra.

[127] BURGAS

Agora sei.
Non hai horizonte
nin retorno,
tan só o vapor das perdas.

[128] 27 DE NOVEMBRO

E o desalento do mar,
esa agonía que afoga
no anhelo dos teus labios,
refacho de marea
íntima que penetra
e se fai doce
onde voan as fragas
e medran as lavercas.

Fronteira do silencio
fondal da claridade
que xermina no baluarte das sombras.

y no consigo imaginar la noche.
Te siento en el herrerillo que siempre regresa
en la amistad que navegó el estiaje, charco tras charco,
pena tras pena y te buscó en el fondo
donde solo es lo perdido, en el vacío del vano
que cae y que se eleva en un dolor indivisible.
Tiempo de revelación.
Será este río de voces
quien gritará los nombres
uno por uno, de un lado a otro
de la luz, cruzando la sombra.

[127] BURGAS

Ahora sé.
No hay horizonte
ni retorno,
tan solo el vapor de las pérdidas.

[128] 27 DE NOVIEMBRE

Y el desaliento del mar,
esa agonía que ahoga
en el anhelo de tus labios,
íntima ráfaga
de marea que penetra
y se hace dulce
donde vuelan los bosques
y crecen las alondras.

Frontera del silencio
hondonada de claridad
que germina en el baluarte de las sombras.

E ti,
corpo tendido ao sol
e hoxe vencido, ti,
garza de póla incerta,
constancia da silveira,
cántico da alborada,
descendendo aos abismos
da tenrura.

[129] CONCILIACIÓN

Sei que es quen de te erguer
no reflectir do ceo
no tránsito das nubes
felizmente contrarias ao devir da corrente.

Sei que te elevas na túa condición de espello,
que abrazas o aire
cando o teu propio aire,
que mides os arcos coa constancia dun ciclope.

Sei que dormes no relanzo
que cristalizas versos no rodicio
e na turbina da luz.

Sei que cantas nas córneas que te miran
e que no coiñal cicatrizas as formas.
Sei que comparto contigo este silencio.

Y tú,
cuerpo tendido al sol
y hoy vencido, tú,
garza de rama incierta,
constancia de zarzamora,
cántico de alborada,
descendiendo a los abismos
de la ternura.

[129] CONCILIACIÓN

Sé que puedes levantarte
en el reflejo del cielo
en el tránsito de las nubes
felizmente contrarias al devenir de la corriente.

Sé que te elevas en tu condición de espejo,
que abrazas el aire
cuando tu propio aire,
que mides los arcos con la constancia de un cíclope.

Sé que duermes en el umbral
que cristalizas versos en el rodicio
y en la turbina de la luz.

Sé que cantas en las córneas que te miran
y que en el pedregal cicatrizas las formas.
Sé que comparto contigo este silencio.

[130] EMPLASTO

Ortiga, pensamento, xunco, trevo, rabaza, lingua de
rato, sabugueiro, agrón,
malva, chantaxe, aceda, grana e a calor do braseiro, o
poder do vinagre cando o golpe do sol
e o unto da cóbrega e o sabor dos ananos
e a vendima e a sombra
da que todos bebemos
e deixarme levar polas tías no baile
e o sabor do tabaco
nas cortinas dos cuartos
e o remol daquel aire.

[131] O MORO

Sobre a campa
o can partiu en dúas a secuencia.

Dun lado a identidade,
o reflectir do tempo,
o conto,
a palmatoria, a cera
e o carburo,
a luz.

Do outro o verso,
aquel xardín dun día de xaneiro
sen foguetes, sen pan
se cadra, outro futuro,
o principio dunha lembranza
cálida.

Contra o mediodía, o Moro regresaba en silencio.

[130] EMPLASTO

Ortiga, pensamiento, junco, trébol, sargazo, lengua de
ratón, saúco, berro,
malva, llantén, acedera, grana y el calor del brasero, el
poder del vinagre cuando el golpe del sol
y el unto de culebra y el sabor de las manzanas
y la vendimia y la sombra
de la que todos bebemos
y dejarme llevar por las tías en el baile
y el sabor del tabaco
en las cortinas de los cuartos
y la brasa de aquel aire.

[131] EL MORO

Sobre la lápida
el perro dividió en dos la secuencia.

De un lado la identidad,
el reflejar del tiempo,
la narración,
la palmatoria, la cera
y el carburo,
la luz.

Del otro el verso,
aquel jardín de un día de enero
sin cohetes, sin pan,
si acaso, otro futuro,
el principio de un recuerdo
cálido.

Hacia mediodía, el Moro regresaba en silencio.

[132] DO OUTRO LADO

O miñato voou
sobre o ceo cumprido da cidade,
baixou do ceo gris
á tarde en chuvia,
verificou a estrema
das rúas e do río
e marchou contra o monte
das cruces e a alegría.
Non comeu.
Advertiu
a mudanza do mundo
a rendición das órbitas,
interpretou
outro aire
máis alá do seu aire,
o frío,
a patria esmorecente
e comprendeu
que era mellor voar
contra o silencio
cara ao alento do lóstrego.

[133] DESEMBOCADURA

Contra un mar de sombras,
boquexabas
como fan as caldas da ribeira
e nós intuïamos
a agonía, o final da calor
o derradeiro canto.

[132] DEL OTRO LADO

El milano voló
sobre el extenso cielo de la ciudad,
bajó del cielo gris
a la tarde en lluvia,
verificó el linde
de las calles y del río
y se marchó hacia el monte
de las cruces y la alegría.
No comió.
Advirtió
el cambio del mundo
la rendición de las órbitas,
interpretó
otro aire
más allá de su aire,
el frío,
la patria desfalleciente
y comprendió
que era mejor volar
hacia el silencio
hacia el aliento del relámpago.

[133] DESEMBOCADURA

Hacia un mar de sombras,
boqueabas
como hacen las termas de la orilla
y nosotros intuíamos
la agonía, el final del calor
el último canto.

[134] MIÑO

Miño,
anterior á lembranza
indescifrable.
Fluído caudal de xente,
inminente final que se retorce e demora
pero que sempre alcanza.

135] HERÁCLITO

Se cadra todo o que chamamos espírito
é o movemento da materia
Kazimir Malévich

Que saiba aquel que penetra no caudal do río
que auga diferente
baña a cada intre
o corpo distinto a cada instante.

[136] DESAZO

Río intratable,
alleo, sempre
ensimesmado,
que non escoita
nin estraña,
que nunca se conmove.
Río impalpable,
coma un deus,
ronsel
insomne.

[134] MIÑO

Miño,
anterior al recuerdo
indescifrable.
Fluido caudal de gente,
inminente final que se retuerce y demora
pero que siempre alcanza.

[135] HERÁCLITO

Puede ser que todo lo que llamamos espíritu
es el movimiento de la materia
Kazimir Malévich

Que sepa aquel que penetra en el caudal del río
que agua diferente
baña a cada instante
el cuerpo distinto a cada momento.

[136] DESAZÓN

Río intratable,
ajeno, siempre
ensimismado,
que no escucha
ni extraña,
que nunca se conmueve.
Río impalpable,
como un dios,
estela
insomne.

[137] DEVALO

Espertar de carrizas
tras os muros da sesta
e a tarde e o río
devalando co sol
contra o crepúsculo.

[138] SETENTA E UN

Foi naquel verán
que nos soñamos homes
engaiolados en peitos transparentes
e labios de seda.

Fumabamos e o fume era a fronteira
entre os xogos e a lanuxe rubia daquel ventre
entre a sedución e o riso
e a infancia toda escorregando río abaixo
cara ás pozas insondables que alguén anunciara
no reflectir das pontes.

E non quebraban os días
contra as sombras. As horas sucedíanse mansas
vestidas de amoras e pexegos
e o tempo era unha chaira e a estrada das piscinas
un camiño que percorría o mundo e as noites
unha revolta cálida aínda non desvelada en desexo.

O esquecemento levou os nomes delas
pero non a eterna lonxitude das súas costas de sol
ou a infinda distancia que se curva
entre o embigo e a pube, entre o bico
e o rágado. Foi naquel verán
cando aprendemos que a historia

[137] BAJAMAR

Mohoso despertar
tras los muros de la siesta
y la tarde y el río
decreciendo con el sol
hacia el crepúsculo.

[138] SETENTA Y UNO

Fue aquel verano
en que nos soñamos hombres
encarcelados en pechos transparentes
y labios de seda.

Fumábamos y el humo era la frontera
entre los juegos y el vello rubio de aquel vientre
entre la seducción y la risa
y la infancia toda resbalando río abajo
hacia las charcas insondables que alguien había anunciado
en el reflejar de los puentes.

Y no quebraba el día
hacia la sombra. Las horas se sucedían mansas
vestidas de moras y albérchigos
y el tiempo era llanura y la calzada a las piscinas
un camino que recorría el mundo y las noches
una curva cálida aún no revelada en deseo.

El olvido se llevó sus nombres
pero no la eterna longitud de sus espaldas de sol
o la infinita distancia que se curva
entre el ombligo y el pubis, entre el mentón
y el labio. Fue en aquel verano
cuando aprendimos que la historia

ten o sabor vermello dos agoiros. Pero non o sangue,
porque daquela aínda eramos pardais
que se sospeitan homes.

[139] CONTRA CORRENTE

Remontar
río arriba sempre
coma salmón,
contra corrente, anguía ou troita
contra esperanza, coma verso
de pescador de sábalos.

Remontar
no devalar dos días,
só, na mesma escuridade
das augas que se embeben e cantan,
corrente que nunca será fin
porque nunca se inicia.

Remontar
como aire,
esta tarde.

[140] O TEMPO AUSENTE

Houbo un río sutil
lambendo a túa pel
antes da nada.
Houbo una noite
desorientando os límites.

tiene el rojo sabor de los augurios. Pero no la sangre,
porque entonces aún éramos gorriones
que se sospechan hombres.

[139] CONTRACORRIENTE

Remontar
río arriba siempre
como salmón,
contracorriente, anguila o trucha
contra esperanza, como verso
de pescador de sábalos.

Remontar
en el decaer de los días,
solo, en la misma oscuridad
de las aguas que se embeben y cantan,
corriente que nunca será fin
porque nunca se inicia.

Remontar
como aire,
esta tarde.

[140] EL TIEMPO AUSENTE

Hubo un río sutil
lamiendo tu piel
antes de la nada.
Hubo una noche
desorientando los límites.

[141] APRENDER

A C.F.F.

Era auga ancorada,
enmudecida,
pero aprendemos a amar
no seu silencio escuro,
na súa fondura
de abrazo.

Aprendémonos, quero dicir,
naquela sombra.

[142] AVEFRÍA

Avefría:
coroado revoar de ausencia.

[143] ECLOSIÓN

A cidade
mirouse no río
coma un vágado
baixo as ás do aire
no pulmón dos batracios.

[141] APRENDER

A C.F.F.

Era agua estancada,
enmudecida,
pero aprendimos a amar
en su silencio oscuro,
en su hondura
de abrazo.

Nos aprendimos, quiero decir,
en aquella sombra.

[142] AVEFRÍA

Avefría:
coronado revolotear de ausencia.

[143] ECLOSIÓN

La ciudad
se miró en el río
como un renacuajo
bajo las alas del aire
en el pulmón de los batracios.

[144] LAVANDEIRA DA NOITE

A M.J.N.

Onde as sábanas tendera
poza de sangue deixara

Ía o río de prata
entre o brión e as pedras
e fun renacer de novo
no afluínte do teu corpo.

Eras lavandeira da noite
axeonllada nun campo de sabas
ofrecendo a mudez
dunha bogada de mágoas,
alimentando con cuspe a inocencia ulcerada.

Era Nadal e nós
lonxe do tránsito de años e pastores,
do axexar dos soldados,
do desconcerto dos reis e da estrela,
adobiamos en saloucos
a ribeira dos anxos.

[145] BISCOITO

Biscoito e ti,
aínda nos fríos días
do silencio.

[144] LAVANDERA DE LA NOCHE[7]

A M.J.N.

Onde as sábanas tendera
poza de sangue deixara

Iba el río de plata
entre el musgo y las piedras
y renací de nuevo
en el afluyente de tu cuerpo.

Eras lavandera nocturna
arrodillada en un campo de sábanas
ofreciendo la mudez
de una colada de penas,
alimentando con saliva la inocencia ulcerada.

Era Navidad y nosotros
lejos del tránsito de corderos y pastores,
de la vigilia de los soldados,
del desconcierto de los reyes y la estrella,
aderezábamos en sollozos
la ribera de los ángeles.

[145] BIZCOCHO

Bizcocho y tú,
aún en los fríos días
del silencio.

---

7   En el imaginario colectivo de Galicia se llama lavanderas nocturnas a las
mujeres que murieron mientras se les practicaba un aborto y que, por este hecho, quedan
condenadas a lavar en el río, por toda la eternidad, sus sábanas llenas de sangre (N. de la T.).

[146] POSTAL

Anunciouse o lirio
e respirou a gándara.

[147] ABRIL

A M.T.S.

I
Sería abril.
O algodón das choupas
facía vibrar o aire
e formaba refugallos de soños
no recuncho das rosas.
-Corrente arriba nadaban alavancos-

Descubrín entón
a rebelión do teu corpo,
o vértice feliz,
os beizos,
o tremer
do relanzo,
a constancia do abrazo
naquel abril,
cando as folerpas das choupas
transcendían as órbitas.

II

El cuerpo que abrazamos
es un río de metamorfosis
Octavio Paz

Extensión do asombro
dilatada expresión dun reflexo sen tempo

[146] POSTAL

Se anunció el lirio
y respiró la nava.

[147] ABRIL

A M.T.S.

I
Sería abril.
El algodón de los chopos
hacía vibrar el aire
y acumulaba restos de sueños
en el rincón de las rosas.
-Corriente arriba nadaban los ánades-

Descubrí entonces
la rebelión de tu cuerpo,
el vértice feliz,
los labios,
el temblor
del remanso,
la constancia del abrazo
en aquel abril,
cuando los copos de nieve de los chopos
transcendían las órbitas.

II

> *El cuerpo que abrazamos*
> *es un río de metamorfosis*
> *Octavio Paz*

Extensión del asombro
dilatada expresión de un reflejo sin tiempo

dun presente vital
dun infinito acougo.

[148] AS MANS DO MEU SOÑO

Dedos como agua entre los dedos
Parecen las manos de mi sueño.
Víctor M. Díez

Somnámbulo
o río treme guiado polo tacto cego
das súas mans,
poderosa extensión
de nervios circunflexos,
de noticias levadas na pluma da laverca
no sol das lavandeiras,
de razóns que se ocultan
no arnoiar de enigma.
Somnámbulo
o río vaise só
coma día entre os dedos.

[149] CINSENTA

A C.

Venceran a medianoite
por seren amantes,
cruzaran o labirinto e o adobío do sábado
por se espir
e agora el sostiña o corpo nu
entre os seus brazos de carne.

de un presente vital
de un infinito sosiego.

[148] LAS MANOS DE MI SUEÑO

> *Dedos como agua entre los dedos*
> *Parecen las manos de mi sueño.*
> Víctor M. Díez

Sonámbulo
el río tiembla guiado por el tacto ciego
de sus manos,
poderosa extensión
de nervios circunflejos,
de noticias llevadas en la pluma de la alondra
en el sol de las lavanderas,
de razones que se ocultan
en su llanto de enigma.
Sonámbulo y solo
el río se va
como día entre los dedos.

[149] CENICIENTA

A C.

Habían vencido la medianoche
por ser amantes,
cruzando el laberinto y el atavío del sábado
para desnudarse
y ahora él sostenía el cuerpo desvestido
entre sus brazos de carne.

Máis alá do balcón
a cidade era un soño común,
un verso escuro coma o leito do río.

Contiña ela a noite toda
na espera, pero foi a campá
e a badalada única e insomne
quen quebrantou a dúbida,
entón o cimborrio dos anxos
precipitou as sombras.

Tampouco desta vez
sería o sangue.

[150] LÍMITES

Baixo as pontes
o abismo
dun ollo
que non dorme
a escura sucesión
dos límites.

[151] PRIMAVERA

Chove sobre o río,
constancia vertical
da horizontal presenza
que se esvae.

Augas
que se embeben
que se ignoran

Más allá del balcón
la ciudad era un sueño común,
un verso oscuro como el lecho del río.

Contenía ella la noche toda
en la espera, pero fue la campana
y la hora única e insomne
quien quebrantó la duda,
entonces el cimborrio de los ángeles
precipitó las sombras.

Tampoco esta vez
sería la sangre.

[150] LÍMITES

Debajo de los puentes
el abismo
de un ojo
que no duerme
la oscura sucesión
de los límites.

[151] PRIMAVERA

Llueve sobre el río,
constancia vertical
de la presencia yacente
que se desvanece.

Aguas
que se embeben
que se ignoran

que non saben
que son o mesmo fin,
principio común,
a mesma ausencia.

[152] MELIAS

A Maribel

Era o barqueiro
quen trasladaba os ollos do teu mar
ata as sombras do bardo,
quen congregaba a estirpe
en círculos sonoros
sobre as augas.
Era o barqueiro de alento prolongado
en remos
coma trenzas de verán que nace,
coma corpo que se abre
sobre o río dos soños.

[153] SER

Río de ti, río, de min,
da condición fugaz de seren ambos
distancia e límite,
desterro.

que no saben
que son el mismo fin,
principio común,
la misma ausencia.

[152] MELIAS

A Maribel

Era el barquero
quien trasladaba los ojos de tu mar
hasta las sombras del bardo,
quien congregaba la estirpe
en círculos sonoros
sobre las aguas.
Era el barquero de aliento prolongado
en remos
como trenzas de verano que nace,
como cuerpo que se abre
sobre el río de los sueños.

[153] SER

Río de ti, río, de mí,
de la condición fugaz de ser ambos
distancia y límite,
destierro.

[154] ÚLTIMO ACTO

A Bernardo Corral (Poro)
-actor-

Dobrou a roupa
coma quen prega a derradeira folla
dun almanaque de brétemas.

Ollou o peitoril dos pasos e das voces,
sóubose frío e viuse
enfrontado a un labirinto de ecos
no escenario da ausencia,
recitando un texto que advertía
da rendición das sombras.
Logo, na cegueira da ponte
o remuíño bebeu
o ronsel do seu aire.

[155] CANSAZO

Non escribas máis do que soñas,
que non se fatiguen as palabras.

[156] CONSUMACIÓN

No límite da luz
hai unha sombra
onde ti te derramas.

[154] ÚLTIMO ACTO

A Bernardo Corral (Poro)
-actor-

Dobló la ropa
como quien pliega la última hoja
de un calendario de nieblas.

Miró el antepecho de los pasos y de las voces,
se supo frío y se vio
enfrentado a un laberinto de ecos
en el escenario de la ausencia,
recitando un texto que advertía
de la rendición de las sombras.
Después, en la ceguera del puente
el remolino bebió
la estela de su aire.

[155] CANSANCIO

No escribas más de lo que sueñas,
que no se fatiguen las palabras.

[156] CONSUMACIÓN

En el límite de la luz
hay una sombra
donde tú te derramas.

[157] O PARQUE

Regresar
e co alento contido
pretender quen fun,
quen fomos,
fabricando xabón co que esvarar futuros,
deambulando entre rosas polo infindo declinar da tarde
percorrendo ríos de xogos
debuxados pola chuvia sobre o ermo do parque.

Coma entón
caer no estanque,
debullar os risos amigos
que nunca regresaron,
acertar coa bóla na curva do burato
e percorrer feliz a distancia da vida
da farmacia ata os plátanos.

Pero só é posible
saber que misterio agochaba a sombra
baixo a ollada do anxo,
renegar do silencio dos homes
que sentaban nos bancos,
deseñar co compás unha carta imprecisa
entre o humor e a saudade,
e falar das rosquillas do santo, do recendo a cacao
dos veráns nos que estabamos tantos,
orfos, entón
destas lembranzas cálidas.

[158] A GOLPE DE PEDAL

A golpe de pedal
sendo o aire o ronsel
e a descuberta.

[157] EL PARQUE

Regresar
y con aliento contenido
pretender a quien fui,
a quien fuimos,
fabricando jabón con el que deslizar futuros,
deambulando entre rosas por el infinito declinar de la tarde
recorriendo ríos de juegos
dibujados por la lluvia sobre la arena del parque.

Como entonces
caer en el estanque,
desgranar las risas amigas
que nunca regresaron,
acertar con la bola en la curva del agujero
y recorrer feliz la distancia de la vida
desde la farmacia hasta los plátanos.

Pero solo es posible
saber qué misterio escondía la sombra
bajo la mirada del ángel,
renegar del silencio de los hombres
que se sentaban en los bancos,
diseñar con el compás una carta imprecisa
entre el humor y la tristeza,
y hablar de las rosquillas del santo, del aroma a cacao
de los veranos en los que estábamos tantos,
huérfanos, entonces
de estos recuerdos cálidos.

[158] A GOLPE DE PEDAL

A golpe de pedal
siendo el aire la estela
y el descubrimiento.

Medida xusta da luz
recendo a sol nos campos
e o rostro, inédito de chuvias,
recibindo os latexos.

A golpe de pedal,
vivir, soñando un canto.

[159] CARGADO DE OMBROS

Cargado de ombros vou
e alguén di que me pecho,
que esa expresión corporal reflicte os medos.
Advirte: busca na infancia.
Eu miro, rebulo arredor
e sempre dou contra a mesma parede:
un colexio de monxas,
un patio en inverno,
o castigo durísimo das orellas de burro
e percorrer de xeonllos as aulas das maiores
polo pecado de non trazar
correctamente o oito.

Consérvase un retrato coloreado dun rapaz repoludo
e académico, con gravata de nó e mapa ao fondo,
fitándome cun ollar no que me recoñezo.
Detrás é sempre ese mesmo cemento
que pecha a liberdade e eu, que me rebelo
na mañá da matanza, cómplice da nai que me repaña
daquel terror de xeo, e fuxir, e chegar cando a queima e o sangue
e a Lela sobre a herba e as tripas no regato
e a avoa no relanzo e os chourizos e a zorza
e a auga do pozo no caldeiro metálico.
Percorro o patio aquel, a excitación dos xogos,
a aparición da Virxe
e o recendo dos anxos, e soño

Medida justa de la luz
aroma a sol en los campos
y el rostro, inédito de lluvias,
recibiendo pálpitos.

A golpe de pedal,
vivir, soñando un canto.

[159] CARGADO DE HOMBROS

Cargado de hombros voy
y alguien dice que me encierro,
que esa expresión corporal manifiesta los miedos.
Advierte: busca en la infancia.
Yo miro, me revuelvo alrededor
y siempre choco con la misma pared:
un colegio de monjas,
un patio en inverno,
el castigo durísimo de las orejas de burro
y recorrer de rodillas las aulas de las mayores
por el pecado de no trazar
correctamente el ocho.

Se conserva un retrato coloreado de un niño regordete
y académico, con corbata de nudo y mapa al fondo,
fijándome con una mirada en la que me reconozco.
Detrás está siempre ese mismo cemento
que encierra la libertad y yo, que me rebelo
en mañana de matanza, cómplice de la madre que siempre me protege
de aquel terror de hielo, y huir, y llegar cuando el fuego y la sangre
y Lela sobre la hierba y las tripas en el arroyo
y la abuela en el rellano y los chorizos y la carne adobada
y el agua del pozo en el caldero metálico.
Recorro el patio aquel, la excitación de los juegos,
la anunciación de la Virgen,

co desterro no río, coas amoras de xullo e o leite fritido
polo san Amaro, coa luz dos fogueteiros
e a guitarra, o aire das mazairas, o cine
-ese río por horas- e esquezo o tempo que mide
coma espanto, e celebro o agasallo da vida
e a alegría de saber que disfruto
de galano tan grande.

Cangado de ombros miro
a idade, ese pasar tan breve e dilatado,
e tanto e tanto abrazo
empreñado do eterno,
e o baleiro das perdas
que nos atan.

Busco no neno aquel de mandil e de asombro
e axexo
no interior dos meus límites.
Busco a nostalxia central polo tacto perdido
e albisco, moi próxima,
a inocencia extraviada.

Cangado de ombros miro e nos outros descubro
a extensión do meu ámbito
ese latexo único
que a mañá nos declara.

[160] ARCO

Cruzas
xardíns nos que agroma a distancia,
nos que recende a verbo,
transportas en ti a xénese das formas,
acompañas o canto dos pardais,
percutes na materia
coa obsesión do profeta

el aroma de los ángeles, y sueño
con el destierro en el río, con las moras de julio y la leche frita
por San Amaro, con la luz de los coheteros
y la guitarra, el aire de manzanos, el cine
-ese río por horas- y olvido el tiempo que mide
como espanto, y celebro el regalo de la vida
y la alegría de saber que disfruto
de regalo tan grande.

Cargado de hombros miro
la edad, ese pasar tan breve y dilatado,
y tanto y tanto abrazo
preñado de eterno,
y el vacío de las pérdidas
que nos atan.

Busco en el niño aquel de mandil y de asombro
y observo
el interior de mis límites.
Busco la nostalgia central por el tacto perdido
y percibo, muy próxima,
la inocencia extraviada.

Cargado de hombros miro y en los otros descubro
la extensión de mi ámbito
ese latido único
que la mañana nos declara.

[160] ARCO

Cruzas
jardines en los que germina la distancia,
en los que huele a verbo,
transportas en ti la génesis de las formas,
acompañas el canto de los gorriones,
percutes en la materia
con la obsesión del profeta

e asubías nas follas da lama.
Ignoras que es principio e fin,
murmurio,
confiada suor
do incerto.
Trazas
dende o baleiro anterior,
o arco que se perde
no derradeiro abrazo,
máis alá do balbordo dos soños.

[161] PROMESA

Entroido de mimosas,
exploración da cor
na agonía do inverno.
Harmonía da luz,
ámbito dunha promesa
que agroma
e que nos chama.

[162] CINZA

Será en Cudeiro,
a rendición.
Lugar alto, no sol
vendo marchar o río.
Alí quero volver,
chuvia de abril.

y silbas en las hojas de barro.
Ignoras que eres principio y fin,
murmullo,
confiado sudor
de lo incierto.
Trazas
desde el vacío anterior,
el arco que se pierde
en el último abrazo,
más allá del murmullo de los sueños.

[161] PROMESA

Carnaval de mimosas,
exploración del color
en la agonía del invierno.
Armonía de la luz,
ámbito de una promesa
que germina
y que nos llama.

[162] CENIZA

Será en Cudeiro,
la rendición.
Lugar alto, en el sol
viendo marchar el río.
Allí quiero volver,
lluvia de abril.

[163] PAISAXE

Envellecemos xuntos
mais non te recoñezo
río futuro,
tan cativo de ti,
tan indefenso.

[164] MELANCOLÍA

Baixo as árbores núas
de decembro, naufraga un sol
sen sombras, un sol sen horas,
fugaz coma un brillo de luz
en celo. O río inmenso
desorbita o silencio do home que camiña
nun xesto repetido de séculos
mentres pensa que doce é o vivir, pero que aceda
a percepción do sol
cando se eclipsa por tras do día
que o calendario esquece.

O río de decembro, as árbores sen sombra,
os pasos que declinan, serán de inverno.

[165] LUZ E AFONÍA

Cantou o galo
máis alá da presbicia
das almeas
e o canto
anunciou tempos distintos

[163] PAISAJE

Envejecemos juntos
pero no te reconozco
río futuro,
tan cautivo de ti,
tan indefenso.

[164] MELANCOLÍA

Bajo los árboles desnudos
de diciembre, naufraga un sol
sin sombras, un sol sin horas,
fugaz como un brillo de luz
en celo. El río inmenso
desorbita el silencio del hombre que camina
en un gesto repetido de siglos
mientras piensa qué dulce es el vivir, pero qué ácida
la percepción del sol
cuando se eclipsa tras del día
que el calendario olvida.

El río de diciembre, los árboles sin sombra,
los pasos que declinan, tarde de invierno.

[165] LUZ Y AFONÍA

Cantó el gallo
más allá de la presbicia
de las almenas
y el canto
anunció tiempos distintos

prosodias disidentes
diferente suceder das augas.

[166] CORRENTE

Porque te miro
e non estás,
vaste coas augas.

[167] LUGARES DA MEMORIA

I
Vía bailar o río nos ollos das nais,
soñaba cos herbais.
Baixo o negrillo ceibou un salouco
que alumeou a noite contra o lóstrego.
Entón chegaron eles.
Non lles temeu.
Sorrían e el soubo da calor da presenza,
da gravidade de ser tanta memoria
e advertiu a leve caricia do seu tacto.

II
Daquela xa fora a voz do tío, traída de Bos Aires nas bobinas metálicas que salferían nostalxias, saúdos e palabras que agora el lembraba coma lambetadas de ausencia. Convocados todos en tarde de domingo, arredor da avoa e da súa dignidade enxoita, sentiron como o reloxo do cuarto grande debullaba un tempo de ningures.

Tardou en saber que o Petiso nacera polas terras do Deza, que o seu nome era Benito, que o seu poder non era ilimitado, que non había maxia na cinta e nas bobinas.

prosodias disidentes
diferente suceder de las aguas.

[166] CORRIENTE

Porque te miro
y no estás,
te vas con las aguas.

[167] LUGARES DE LA MEMORIA

I
Veía bailar el río en los ojos de las madres,
soñaba con los herbales.
Bajo el negrillo liberó un sollozo
que iluminó la noche contra el relámpago.
Entonces llegaron ellos.
No les temió.
Sonreían y él supo del calor de la presencia,
de la gravedad de ser tanta memoria
y advirtió la leve caricia de su tacto.

II
　　Entonces ya había sido la voz del tío, traída de Buenos Aires en
las bobinas metálicas que salpicaban nostalgias, saludos y palabras
que ahora él recordaba como golosinas de ausencia. Convocados
todos en tarde de domingo, alrededor de la abuela y de su dignidad
seca, sintieron como el reloj del cuarto grande desgranaba un
tiempo inexistente.

　　Tardó en saber que el Petiso había nacido por las tierras del
Deza, que su nombre era Benito, que su poder no era ilimitado,
que no había magia en la cinta y en las bobinas.

Tardou en saber que o tempo é sempre o mesmo, que unicamente nós imos pasando.

III
A carrilana era a infancia,
cantando ata Rivela ou ata Barra de Miño,
todos na caixa, coa Lela, que era tía pero
igual coma eles
e tamén cantaba.
Nenez, a carrilana circulando festiva xunto a vía, os fogueteiros,
o tren que asubiaba na Casilla, o verán de cereixas e guitarras
xunto ao pozo e os barcos de cortiza
naufragando no estanque da Cagalla.

IV
A patria ou a memoria, murmurou
camiñando sobre a alfombra onde aniñan as choupas e as garzas.
A memoria é nostalxia, aceda por veces e por veces cálida.
Mudan os días, pensou, e as cousas,
só permanece a corrente, impasible e distante,
e o tempo, quizais tamén o aire.
O sol que medraba coa descomposición das lembranzas
foise por riba do castro, coma antes, coma sempre.
Volveuse e observou o que deixaba atrás: os Pagulos,
a acea do Tacón, o campo do Bacelo, o Carpazal,
a Basca, a patria. A cobiza non precisa do ser
medra no esterco do esquecemento, na chaira da desmemoria.
A avareza
non precisa de ti, cismou.
Marchou contra as sombras. Diante del o mundo aínda danzaba.

Tardó en saber que el tiempo es siempre el mismo, que únicamente nosotros vamos pasando.

III
La camioneta era la infancia,
cantando hasta Rivela o hasta Barra de Miño,
todos en el cajón, con Lela, que era tía pero
igual que ellos
y también cantaba.
Niñez, la camioneta circulando festiva junto a la vía, los pirotécnicos,
el tren que silbaba en la Casilla, el verano de cerezas y guitarras
junto al pozo y los barcos de corcho
naufragando en el estanque de la Cagalla.

IV
La patria o la memoria, murmuró
caminando sobre la alfombra donde anidan los chopos y las garzas.
La memoria es nostalgia, ácida a veces y a veces cálida.
Cambian los días, pensó, y las cosas,
solo permanece la corriente, impasible y distante,
y el tiempo, quizás también el aire.
El sol que crecía con la descomposición de los recuerdos
se fue por encima del castro, como antes, como siempre.
Se volvió y observó lo que dejaba atrás: los Pagulos,
el molino de Tacón, el campo del Bacelo, el Carpazal,
la Basca, la patria. La avaricia no necesita al ser
crece en el estiércol del olvido, en la explanada de la desmemoria.
La avaricia
no necesita de ti, caviló.
Se fue hacia las sombras. Delante de él el mundo aún danzaba.

BATER DE SOMBRAS

GOLPEAR DE SOMBRAS

(2010)

[168] BATER DE SOMBRAS

Un alento escuro
ás veces vibra
na imprecisión das sombras.
É algo que nos posúe
lentamente e sen cólera;
unha impresión de ferro,
unha teima calquera,
a cobiza dun anxo
desprovisto de luz,
a pesadez do frío
no interior dunha dúbida,
un sorriso ignorado,
a negación de ti.

[169] SÍSIFO

Transportaches
a sombra
pola empinada corpulencia
do insomnio.

Non había inocencia
na dor,
só a perseveranza
dun pecado infinito.

Máis alá da fiestra
cantaban os paxaros
e a mañá respiraba
a ecuación do outono:
transportabas a mágoa,
pero non a vencías.
Afirmábase ela

[168] GOLPEAR DE SOMBRAS

Un aliento oscuro
a veces vibra
en la imprecisión de las sombras.
Es algo que nos posee
lentamente y sin cólera;
una impresión de hierro,
una obsesión cualquiera,
la ambición de un ángel
desprovisto de luz,
la pesadez del frío
que la duda alimenta,
una sonrisa ignorada,
la negación de ti.

[169] SÍSIFO

Transportaste
la sombra
por la empinada corpulencia
del insomnio.

No había inocencia
en el dolor
solo la perseverancia
de un pecado infinito.

Más allá de la ventana
cantaban los pájaros
y la mañana respiraba
la ecuación del otoño:
transportabas la pena
pero no la vencías.
Se afirmaba ella

nalgún recóndito indicio
de esperanza,
coma un enigma abisal
afirma o seu tentáculo
nunha presa amarela
e infrecuente.

E ti,
consciente, temías
prescindir do corazón,
da luz que noutrora
alumeou as formas,
e descarnarte orfo
na condena do sal,
na soidade ínfima
dun deserto de acólitos.

[170]

O agoiro percorreu
a liña do baleiro
coma a mosca
que previsible e tenaz
esvara sobre a trabe
dun soño.

[171]

A sombra
deixou de ser arame, córnea de espiño,
e transformouse en pinga
negra, diluída no mar
invariable.

en algún recóndito indicio
de esperanza,
como un enigma abisal
afirma su tentáculo
en una presa amarilla
e infrecuente.

Y tú,
consciente, temías
prescindir del corazón,
de la luz que en otro tiempo
alumbró las formas,
y descarnarte huérfano
en la condena de sal,
en la ínfima soledad
de un desierto de acólitos.

[170]

El presagio recorrió
la línea del vacío
como la mosca
que previsible y tenaz
avanza sobre la viga
de un sueño.

[171]

La sombra
dejó de ser alambre, córnea de espino,
y se transformó en gota
negra, diluida en el mar
invariable.

Refugallo de brisa
que demora
no escuro ton dun campo de nabizas
contaminado
polo vapor anónimo
da térmica creadora da luz.
A culpa,
coma unha puga excéntrica
que terma da inocencia,
agatuñou polo interior do orballo
cara ao lugar no que xermolan
os ovos da sombra.

[172]

A paisaxe estéril
ocupou o horizonte
coma un amencer de sarabia
e refachos de galerna.
Un frío azul
furgou na boca cóncava do esófago
e abriuse en arroutos
cara ao centro espasmódico
do labirinto.
Alí un vento indemne,
flaxelouno,
triturouno
en ínfimos argueiros
e, sen culpa,
a inspiración impuxo o ritmo
dun vivir
sincopado
liberado de remorsos
e sen lastre.

Desecho de brisa
que se demora
en el oscuro tono de un huerto
contaminado
por el vapor anónimo
de la térmica productora de luz.
La culpa,
como una púa excéntrica
que tensa la inocencia,
gateó por el interior de la lluvia
hacia el lugar en que germinan
los huevos de la sombra.

[172]

El paisaje estéril
ocupó el horizonte
como un amanecer de granizo
y galerna.
Un frío azul
hurgó en la boca cóncava del esófago
y se abrió en impulsos
hacia el centro espasmódico
del laberinto.
Allí lo flageló
un viento indemne,
lo trituró
en ínfimas partículas
y, sin remordimientos,
la inspiración impuso el ritmo
de un vivir
sincopado,
liberado de peso
y sin culpa.

[173]

Escura paisaxe
de nimbos
que se esconden
na súa constancia gris de perla.
Escuro alento
na apagada vibración da voz
que xa non lembras.
Inescrutable lóxica da ausencia.
Así as perdas.

[174]

Un silencio de larva
o teu durmir, tan falso
coma a tona da auga
que nos chama.

Coma un silencio encamado
o teu mimo de insecto,
o teu abrazo
endémico e preciso
e o niño do teu latexo
na morte silenciosa desta tarde.

[175]

Ti tamén levas dentro
argumentos feroces referidos aos outros,
mentiras razoables que a confusión transforma en terribles certezas.

[173]

Oscuro paisaje
de halos
que se esconden
en su constancia gris de perla.
Oscuro aliento
en la apagada vibración de la voz
que ya no recuerdas.
Inescrutable lógica de la ausencia.
Así las pérdidas.

[174]

Un silencio de larva
tu letargo, tan falso
como la flor del agua
que nos llama.

Como un silencio encamado
tu mimo de insecto,
tu abrazo
endémico y preciso
y el nido de tu pálpito
en la muerte silenciosa de esta tarde.

[175]

Tú también llevas dentro
argumentos feroces referidos al otro,
mentiras razonables que la confusión transforma en terribles certezas.

Non sei como pensaches verdades coma obxectos,
arestas dun diamante sutil xustificando a estrela na lapela ou no
brazo,
o traslado forzoso cara á sombra.
Latexa en ti un ácaro retráctil que, ás veces, se prolonga e se excita
coma un tren sen memoria
que se insemina en palabras non sempre pronunciadas,
na salmodia do efémero,
en versos e xuízos insondables,
referidos a ti, referidos a outro.

[176] RETÓRICA

Construes o que afirmas amar
coa arquitectura sutil
das palabras bastardas.
As palabras,
esas pantasmas,
en apariencia mansas.

[177]

Unha delgada liña
transparente e azul
cubriu as letras do seu nome,
o enderezo virtual, a primeira expresión
da mensaxe descifrada na caixa do correo.
Fuches ti quen decidiu o silencio,
quen activou a orde,
quen borrou da pantalla
o corazón, o cálido agarimo
das palabras, a cobiza
do seu tacto invisible.

No sé como pensaste verdades como objetos,
aristas de un diamante sutil justificando la estrella en la solapa o
en el brazo,
el traslado forzoso hacia la sombra.
Palpita en ti un ácaro retráctil que, a veces, se prolonga y se excita
como un tren sin memoria
que se insemina en palabras no siempre pronunciadas,
en la salmodia de lo efímero,
en versos y juicios insondables,
referidos a ti, referidos a otro.

[176] RETÓRICA

Construyes lo que dices amar
con la arquitectura sutil
de las palabras bastardas.
Las palabras,
esos fantasmas,
en apariencia mansas.

[177]

Una delgada línea
transparente y azul
cubrió las letras de su nombre,
la dirección virtual, la primera expresión
del mensaje descifrado en el buzón del correo.
Fuiste tú quien decidió el silencio,
quien activó la orden,
quien borró de la pantalla
el corazón, el acogedor hogar
de las palabras, la codicia
de su tacto invisible.

Prescindías do espello
e inaugurabas a dúbida.
Concentrácheste, entón,
no peso mineral da culpa,
no óxido dos celos
que non mancaban,
pero que afogaban a luz.
Concentrácheste alí,
por te fitar senlleiro co pecado,
por coñecer o lado escuro do riso,
a estéril conexión das bágoas
a orfa densidade do baleiro.

[178]

Negación e esquecemento
dous mesmos argumentos
para engarzar a sombra.

[179]

Preguntou quen eras
dende o fondo do silencio.
Coma un segredo
a verde luz do norte
incendiou o suspiro da dúbida.
Quen é?
repetiu a voz asomada ao teléfono,
e ti caíches no engado das palabras.

Na rúa os coches circulaban coas luces acesas
e os paxaros xa non cantaban.
Pulsaras as nove cifras cando aínda eras libre,

Prescindías del espejo
e inaugurabas la duda.
Te concentraste, entonces,
en el peso mineral de la culpa,
en el óxido de los celos
que no herían
pero que ahogaban la luz.
Te concentraste allí
desafiando a solas el pecado
por conocer el lado oscuro de la risa,
la estéril conexión de las lágrimas
la huérfana densidad del vacío.

[178]

Negación y olvido
dos mismos argumentos
para engarzar la sombra.

[179]

Preguntó quién eras
desde el fondo del silencio.
Como un secreto
la verde luz del norte
incendió el suspiro de la duda.
¿Quién es?,
repitió la voz asomada al teléfono,
y tú caíste en la red de las palabras.

En la calle los coches circulaban con las luces encendidas
y los pájaros ya no cantaban.
Habías pulsado las nueve cifras cuando aún eras libre,

cando aínda crías na inmutable firmeza do pasado.

Hai algo
na posible combinación
dos números
que resulta incontable, pensaches,
mentres a cálida voz falaba de pingas esvarando polas coxas
e de pés descalzos sobre o ventre.

Indixente,
así era a verdade
sobre a que batía
a sombra,
así o teu corazón
ignorado.

[180] SKYWALKER

Sombra,
lado escuro da forza,
o recendo do frío
que cristaliza
en pan reseso,
en silencio,
na soidade
da ausencia.

[181]

Sabe que habita en ti,
protéxese detrás do teu sorriso,
cala
amasando o desánimo,

cuando aún creías en la inmutable firmeza del pasado.

Hay algo
en la posible combinación
de los números
que resulta incontable, pensaste,
mientras la cálida voz hablaba de gotas resbalando por los muslos
y de pies descalzos sobre el vientre.

Indigente,
así era la verdad
sobre la que golpeaba
la sombra,
así tu corazón
ignorado.

[180] SKYWALKER

Sombra,
lado oscuro de la fuerza,
el aroma del frío
que cristaliza
en pan reseco,
en silencio,
en la soledad
de la ausencia.

[181]

Sabe que habita en ti,
se protege detrás de tu sonrisa,
calla
amasando el desánimo,

nun silencio distante
cara aos abismos últimos.

Non pode ser sen ti,
non pode odiarte,
escura progresión de veludo con ás
coma morcego que bate
na suxestión da noite.

Sabe que está
por detrás das palabras
e da segura perda
de calquera abrazo.

[182]

E se non marchas
e se volves detrás de cada hora,
baleiro ou sombra
empoleirada
nese lugar no que se anuncia
a construción dos días,
nese remol no que fecunda a entrega,
nese roibén de vida
que rompe contra a nada.

[183] ANTES DO ALMORZO

Podes bater na noite
con puños aceirados,
sentir a dor do ombreiro
coma cristal que espanta,
rabuñar na memoria

en un silencio distante
hacia los últimos abismos.

No puede ser sin ti,
no puede odiarte,
oscura progresión de terciopelo con alas
como murciélago que golpea
en el presagio de la noche.

Sabe que está
detrás de las palabras
y de la pérdida segura
de cualquier abrazo.

[182]

Y si no marchas
y si vuelves detrás de cada hora,
vacío o sombra
encaramada
a ese lugar en que se anuncia
la construcción de los días,
a ese rescoldo en que fecunda la entrega,
a ese arrebol de vida
que se quiebra en la nada.

[183] ANTES DEL DESAYUNO

Puedes golpear la noche
con puños acerados,
sentir el dolor del hombro
como cristal que espanta,
arañar en la memoria

dos días esquecidos,
construír un durísimo espertar
de seixo
ou de vinganza.

Pero non podes
reducir o silencio
nin ignorar que todo
é tan sutil coma o baleiro
que alenta en cada hora,
nin deixar de admitir
que nada es sen aqueles que te amaron,
porción de tempo agasallado,
sal,
sorriso no que te ispes,
causa que invocas,
cerna de ti,
crisálida.

[184]

Habitarate a sombra,
pero sempre
enxergarás
a tenrura.

[185]

A sombra non se vence,
é unha brétema
que dilúe as formas,
que reconstrúe as palabras
nos ángulos

de los días olvidados,
construir un durísimo despertar
de cuarzo
o de venganza.

Pero no puedes
reducir el silencio
ni ignorar que todo
es tan sutil como el vacío
que respira en cada hora,
ni admitir
que nada eres sin aquellos que te amaron,
porción de tiempo regalado,
sal,
sonrisa en la que te desnudas,
causa que invocas,
centro de ti,
crisálida.

[184]

Te habitará la sombra
pero siempre
divisarás
la tenrura.

[185]

La sombra no se vence
es una niebla
que diluye las formas
que reconstruye las palabras
en los ángulos

de dentro.
Nunca se amosa enteira
non se disfraza.
Desvirtúa, iso si, o tempo
e a memoria,
o corazón
e as bágoas.
Difusa confusión,
difícil tránsito
cara a oxidados refugos de luz.

[186]

Enmascarada
detrás do seu sorriso,
a táctil pinga gris
e a súa intemperie
xogaron a ser corazón
argumentando
cada puntada
sutil, humanizando a aceda constancia
do noxo, a covardía,
verbalizando un agarimo
entre augas.

Pensou entón
nos soldados alemáns de abrigo e carapucha,
transformados en xeo,
sentados arredor das horas
e a derrota, conxelados
na súa apariencia mansa,
xeada tamén a ausencia
e a pupila de cristal,
retidas para sempre
na caricia impávida do frío,
sentados ollando o lume aterecido,

de dentro.
Nunca se muestra entera
no se disfraza.
Desvirtúa eso sí, el tiempo
y la memoria
el corazón
la lágrimas.
Difusa confusión
difícil tránsito
hacia oxidados restos de luz.

[186]

Enmascarada
detrás de su sonrisa
la gran gota gris
y su intemperie
jugaron a ser corazón
argumentando
cada puntada
sutil, humanizando la agria constancia
del asco, la cobardía,
verbalizando un cobijo
entre augas.

Pensó entonces
en los soldados alemanes de abrigo y capucha,
transformados en hielo,
sentados alrededor del tiempo
y la derrota, congelados
en su apariencia mansa,
helada también la ausencia
y la pupila de cristal,
retenidas para sempre
en la caricia impávida del frío,
sentados mirando al fuego aterido,

apalabrando medo,
proxectando a negación
da sombra.

[187] PROXECTO MEDUSA

I
Atopouse Perseo
na humidade da pedra,
no interior do baleiro,
na vertical das tebras.

Ollou o espello
e descubriu como era,
carnal e efémero.

Tamén ela se viu cun dos seus ollos
líquidos e comprendeu
entón
que o amor é apenas un sorriso
de múltiples cabezas,
un reflectir con rostro de cristal de rocha
e de infinitas bocas,
unha capitulación
ou un salouco do que nace
un soño alado e branco
sen sombra.

II
Todas as gorxas
asubiaban reproches contra o espello
ou eran versos perdidos na confusión dos labios?

Escumaban desexos as pupilas,
describían recendos,
órbitas debuxadas

apalabrando miedo,
proyectando la negación
de la sombra.

[187] PROYECTO MEDUSA

I
Se encontró Perseo
en la humedad de la piedra
en el interior del vacío
en la vertical de las tinieblas.

Miró en el espejo
y descubrió como era
efímero y carnal.

También ella se vio con uno de sus ojos
líquidos y comprendió
entonces
que el amor es apenas una sonrisa
de múltiples cabezas
reflejo con rostro de cristal de roca
y de infinitas bocas,
una capitulación
o un suspiro del que nace
un sueño alado y blanco
sin sombra.

II
Todas las gargantas
siseaban reproches contra el espejo
¿o eran versos perdidos en la confusión de labios?

Espumaban deseos las pupilas
describían aromas
órbitas dibujadas

como abrazos perdidos.
O aire morría contra as bóvedas
e na man do heroe
a espada tiña o valor
da última palabra.

Ela ficou deitada
cos ollos moi abertos sobre a pedra,
a cabeza indecisa
separada do corpo e levemente inclinada,
coma un segmento limitando
a reiterada fabulación
da esperanza.

[188]

Proxectada no ventre da cova,
a sombra é o reflectir
da sombra,
ese perfil esluído e difuso
agochado nun falso sorriso,
unha textura amable,
o veludo que estende o seu tacto,
o recendo de carne
que detén o latexo do aire.
Ese brillo da nada
no silencio do fondo,
o corredor partido,
a larva sobre o labio.

como abrazos perdidos.
El aire moría contra las bóvedas
y en la mano del héroe
la espada tenía el valor
de la última palabra.

Ella permaneció acostada
con los ojos muy abiertos sobre la piedra
la cabeza indecisa
separada del cuerpo y levemente inclinada
como un segmento limitando
la reiterada fabulación
de la esperanza.

[188]

Proyectada contra el vientre de la cueva
la sombra es el reflejo
de la sombra,
ese perfil desvaído y difuso
escondido en una sonrisa falsa,
una textura amable,
el terciopelo que extiende su tacto,
el olor de la carne
que detiene el latido del aire.
Ese brillo de la nada
en el silencio del fondo,
el corredor partido
la larva sobre el labio.

[189]

De perder a sombra
que luz nos cambiaría?
que lampo verde de auga
ou que esperanza?
Se a sombra non abrise
coma unha flor de escuma,
se non cantase como tecla negra,
se non alentase na mañá de brétema,
que lume, que calor
ocuparía entón a fenda e a mirada?
Se a sombra non tecese
unha infinita sucesión de sombras,
como habiamos erguer
a proxección do día?
como a distancia callada no voo dos paxaros?

[190]

Non invade,
non penetra.
Está en nós
e sorrí
e respira
e tuse,
pero non afoga.
Permanece
como máscara,
coma difuso ámbito
de perfís estrañados.
Retírase e regresa,
aínda non sendo ese o ritmo exacto do seu tránsito.
Murmura e cala,
revélase e dorme,

[189]

De perder la sombra
¿qué luz nos cambiaría?
¿qué relámpago verde de agua
o qué esperanza?
Si la sombra no abriese
como una flor de espuma,
si no cantase como tecla negra,
si no respirase en la mañana de niebla,
¿qué fuego?, ¿qué calor
ocuparía entonces la grieta y la mirada?
Si la sombra no tejiese
una infinita sucesión de sombras,
¿cómo habríamos de alzar
la proyección del día?, ¿cómo
la distancia que cuaja en el vuelo de los pájaros?

[190]

No invade,
no penetra.
Está en nosotros
y sonríe
y respira
y tose,
pero no ahoga.
Permanece
como máscara,
como difuso ámbito
de extrañados perfiles.
Se retira y regresa,
aún no siendo ese el ritmo exacto de su tránsito.
Murmura y calla,
se revela y duerme,

pero sempre está en nós
coma unha tenia escura,
e cobra forza
mesmo cando se afasta.

[191]

Inhóspita,
coma escama de réptil
brillante e áspera,
esvara
por un setembro de acios e maceiras
cara ao agochado exilio das sereas.

[192] O BERRO

I
Un trebón
cabalgando nas súas propias ondas.
Tres palabras
como a explosión mineral dunha granada,
o alento dun volcán
tropezando na úlcera bucal
e cubrindo de tebras o insomnio.

II
Xurdiu
dun océano
parietal e escuro.
Non se anunciou,
non foi gangrena
nin coágulo.
Foi un disparo seco,

pero siempre está en nosotros
como una tenia oscura,
y cobra fuerza
incluso cuando se aleja.

[191]

Inhóspita
como escama de reptil
brillante y áspera,
resbala
por un septiembre de racimos y manzanos
hacia el escondido exilio de las sirenas.

[192] EL GRITO

I
Un trueno
Cabalgando en sus propias olas.
Tres palabras
como la explosión mineral de una granada;
el aliento de un volcán
tropezando en la úlcera bucal
y cubriendo de tinieblas el insomnio.

II
Surgió
de un océano
parietal y oscuro.
No se anunció
no fue gangrena
ni coágulo.
Fue un disparo seco,

violentamente lento,
traspasando a cociña dos soños
enzoufando as tixolas
do sol
e da alegría.

III
Deixou
pegadas invisibles
coma ecos
no pavillón da cera
que arde
no balbordo das sílabas extremas.

IV
El non soubo reconstruír os pasos,
nin procurar o camiño de regreso

[193]

Só era unha cadea
que te mantiña vinculada á rocha.

Un conxunto de elos
bordados polo aire
bastaron
para afastarte do soño,
para ofrendar espida
a túa liberdade.

O mar era un futuro de sombras,
unha creba oleosa e asasina
que a cabeza de serpes transformou en cólera,
dente de pedra ou tremer de escama,

violentamente lento,
traspasando la cocina de los sueños
embadurnando las sartenes
de sol
y de alegría.

III
Dejó
huellas invisibles
como ecos
en el pabellón de cera
que arde
en el rumor de las sílabas extremas.

IV
Él no supo reconstruir los pasos
ni encontrar el camino de regreso.

[193]

Solo era una cadena
que te mantenía vinculada a la roca.

Un conjunto de eslabones
bordados por el aire
bastaron
para alejarte del sueño,
para ofrendar desnuda
tu liberdad.

El mar era un futuro de sombras,
un despojo oleoso y asesino
que la cabeza de serpientes transformó en cólera,
diente de piedra o temblor de escama,

diante de ti,
das túas mans. Do orballo.

Contra o solpor,
no tren de Londres a Lancaster,
5/06/ 09

[194] A CONDENA

Un silencio esvaecido e afiado,
un valo de mans orfas,
de bicos e sorrisos facturados á volta do correo.
Que testemuño falso argumentaron
logo da promesa municipal que rexeitaras?
Conseguiran deixarte sen temor e sen ánimo,
intensamente só,
diante da culpa escura
á que te vincularon.

O murmurio era unha estrela sen razón,
unha sombra vermella
no ceo irreparable
da exclusión e da dúbida.
Sobre a alfombra,
o son formaba en ti unha espiral de nada,
proxectábase en ondas invisibles,
agarimaba o ser, descompoñía as perdas.

Nun núcleo a anguria e noutro, máis pechado,
o medo, a febre toda daquel solpor de náufragos.
E mentres ti ascendías ata ás bóvedas de cobre
e rebotabas coas ondas contra as paredes do orballo,
a consigna fluvial lambía toda a luz
transformada en tormenta de veladas verdades,
transmitindo a impresión da irreparable dúbida
e a condena inefable do silencio afiado.

delante de ti,
de tus manos. De la lluvia.

Hacia el atardecer,
en el tren de Londres a Lancaster
5/06/09

[194] LA CONDENA

Un silencio difuso y afilado,
un muro de manos huérfanas,
de besos y sonrisas facturados a vuelta de correo.
¿Qué testimonio falso argumentaron
después de la promesa municipal que habías rechazado?
Consiguieron dejarte sin temor y sin ánimo,
intensamente solo,
delante de la culpa oscura
a la que te vincularon.

El murmullo era una estrella sin razón,
una sombra roja
en el cielo irreparable
de la exclusión y de la duda.
Sobre la alfombra,
el sonido formaba en ti una espiral de nada,
se proyectaba en ondas invisibles,
amparaba al ser, descomponía las pérdidas.

En un núcleo la angustia y en el otro, más cerrado,
el miedo, la fiebre toda de aquel atardecer de náufragos.
Y mientras tú ascendías hasta las bóvedas de cobre
y rebotabas con las ondas contra las paredes de la lluvia,
la consigna fluvial lamía toda la luz
transformada en tormenta de veladas verdades,
transmitiendo la impresión de la duda irreparable
y la condena inefable del agudo silencio.

[195]

Amenceu,
fíxose a noite
e deixaron
de voar
paxaros.

[196]

Unha espiral de fóra
para dentro,
esa mala conciencia,
o desengano íntimo
de ti.
Humanamente estéril,
atrapado na cobiza,
nos dentes arrizados,
reducido a silencio,
sen nada que ofrecer,
sen nada que dicir,
persoalmente sombra
ancorada no seu propio letargo,
insípida agonía,
malestar, calor perdida
no camiño das cordas e das cruces,
no cansazo
da propia covardía.

[197] DISTANCIA

Doce o abandono,
alleo e inesperado,

[195]

Amaneció,
se hizo la noche
y dejaron
de volar
pájaros.

[196]

Una espiral de afuera
para adentro,
esa mala conciencia,
el desengaño íntimo
de ti.
Humanamente estéril
atrapado en la ambición
en los dientes atrevidos,
reducido a silencio,
sin nada que ofrecer,
sin nada que decir,
personalmente sombra
anclada en su propio letargo,
insípida agonía,
malestar, calor perdido
en el camino de las cuerdas y las cruces,
en la fatiga
de la propia cobardía.

[197] DISTANCIA

Dulce el abandono
ajeno e inesperado,

olladas de po
na imposible construción
do abrazo.
Diríase de vós
a fortaleza, a calor,
quizais a lúa ou a luz
que sementaron de pasos
os primeiros días,
aqueles das violetas
e a inexacta ecuación dos soños.
E non había engano.
Pero agora intúese o abandono,
ese segredo que esvara
pola fonda indiferenza
das pálpebras,
ese deixarse ir
polos cansos carreiros
dos silencios.
Esa distancia.

[198]

A Benito Losada

Es materia perfecta,
vulnerable, visible
intuición dos límites.
Humanamente,
quero dicir,
es materia
entrañable.

miradas de polvo
en la imposible construcción
del abrazo.
Se diría de vosotros
la fortaleza, el calor,
quizás la luna o la luz
que sembraron de pasos
los primeros días,
aquellos de violetas
y la inexacta ecuación de los sueños.
Y no había engaño.
Pero ahora se intuye el abandono,
ese secreto que resbala
por la honda indiferencia
de los párpados,
ese dejarse ir
por los cansados senderos
de los silencios.
Esa distancia.

[198]

A Benito Losada

Eres materia perfecta,
vulnerable, visible
intuición de los límites.
Humanamente,
quiero decir,
eres materia
entrañable.

[199] O TIGRE VERMELLO

> *When the stars threw down their spears*
> *And water'd heaven with their tears:*
> *Did he smile his work to see?*
> *Did he who made the Lamb make thee?*
> *William Blake*

O camiño brillante nos extremos
da noite conducía entre o asombro ata os corpos
espidos e expostos ao sol.
Ofrecidas e exhaustas, elas bailaban a maldita danza
das cruces.
Do fío de sangue penduraba
un último suspiro.
Sexo de labios tristes,
tigre silencioso e vermello
manipulando a humillación
e a entrega. Aire de lóstregos,
corredor de titáns e de lume,
todo o deserto para sufrir,
todos os dentes gravitando na coroa
do espasmo.
Que atracción te mantiña hipnotizado alí?
Era quizais o bafexo das vaxinas,
os ventres afogados,
a dor prendida na madeira da carne?
O tigre vermello tecía unha arañeira
de nervios na que estender a morte,
sorría na súa perfección de aceiro,
na crueldade intacta,
argumentando co seu silencio o silencio das bágoas,
a crispación das mans traspasadas de raios,
as coxas e os peitos feridos polo punzón dun berro.
Solitario e audaz, o tigre movíase nas sombras.

[199] EL TIGRE ROJO

When the stars threw down their spears
And water'd heaven with their tears:
Did he smile his work to see?
Did he who made the Lamb make thee?
William Blake

El camino brillante en los extremos
de la noche conducía entre el asombro hasta los cuerpos
desnudos y expuestos al sol.
Ofrecidas y exhaustas, ellas bailaban la maldita danza
de las cruces.
Del hilo de sangre pendía
un último suspiro.
Sexo de labios tristes,
tigre silencioso y rojo
manipulando la humillación
Y la entrega. Aire de relámpagos,
pasillo de titanes y de fuego,
todo el desierto para sufrir,
todos los dientes gravitando en la corona
del espasmo.
¿Qué atracción te mantenía hipnotizado allí?
¿Era quizás el hálito de las vaginas,
los vientres ahogados,
el dolor prendido en la madera de la carne?
El tigre rojo tejía una tela de araña
de nervios en la que extender la muerte,
sonreía en su perfección de acero,
en la crueldad intacta,
argumentando con su silencio el silencio de las lágrimas,
la crispación de las manos traspasadas de rayos,
los muslos y los pechos heridos por el punzón de un grito.
Solitario y audaz, el tigre se movía en las sombras.

[200] CRUXBITCHES

Vestía muda e azul,
rodeada de flores e de nimbos,
empoleirada no ceo escuro
de cartabón e xisto.
Anxo infantil
na memoria retráctil
dunha nenez de frío.
Anunciación da carne
agora exposta
nunha cruz,
punto central do seme
e da derrota,
periferia do espasmo e da vixilia,
cómplice na humillación,
invisible tralos lentes de sol
e os saloucos presuntamente falsos.
Corpo sen retorno,
pracer do que se nega,
lembranza estéril
no sen razón do sangue.

[201] SNUFF MOVIE

Ese profundo oscuro donde no existe el llanto,
Donde un ojo no gira en su cuévano seco
Vicente Aleixandre

Camiñou ata o límite da sombra,
sufriu o acoso animal dos guerreiros troianos,
penetrou no labirinto das fórmulas,
na opacidade das liñas e dos números,
paralizouno a retórica das gorgonas sen brazos
no bosque dos suplicios,

[200] CRUXBITCHES

Vestía muda y azul
rodeada de flores y de nimbos
encaramada al cielo oscuro
de cartabón y esquisto.
Ángel infantil
en la memoria retráctil
de una niñez de frío.
Anunciación de la carne
ahora expuesta
en una cruz,
punto central del semen
y de la derrota,
periferia del espasmo y de la vigilia
cómplice en la humillación
invisible detrás de las gafas de sol
y los sollozos presuntamente falsos.
Cuerpo sin retorno,
placer de lo negado,
recuerdo estéril
en la sinrazón de la sangre.

[201] SNUFF MOVIE

Ese profundo oscuro donde no existe el llanto,
Donde un ojo no gira en su cuévano seco
Vicente Aleixandre

Caminó hasta el límite de la sombra,
sufrió el acoso animal de los guerreros troyanos,
penetró en el laberinto de las fórmulas,
en la opacidad de las líneas y de los números,
le paralizó la retórica de las gorgonas sin brazos
en el bosque de los suplicios,

abriu as portas da desolación
onde é seguro o martirio,
acovardouse no alento do orgasmo escuro,
demorou tentando esquecer a infamia, o disparo,
a tempa partida por un lóstrego
e regresou en silencio,
xulgándose,
agochado da luz
co corazón ferido,
buscando unha estrela de prata
ou o voo dun arao sobre os cons da cidade.

[202]

Era coas súas palabras,
coas súas mesmas palabras,
que se argumentaba a sombra.

[203] INSOMNIO

Quixera non durmir,
fuxir da pesada condena do silencio,
pechar os ollos e non ver,
non escoitar os berros motrices,
non preguntar
pola complicidade
das vítimas,
nin pola entrega na flaxelación.
Quixera non ser
antes de ser testemuña inerte dos pasos descarnados
que percorren o límite do mundo,
antes de que a mecánica da descarga e do aceiro
se transforme en soño
abandonado.

abrió las puertas de la desolación
donde es seguro el martirio,
se acobardó en el aliento del orgasmo oscuro,
se demoró intentando olvidar la infamia, el disparo,
la sien partida por un relámpago
y regresó en silencio,
juzgándose,
escondido de la luz
con el corazón herido,
buscando una estrella de plata
o el vuelo de un alca sobre los arrecifes de la ciudad.

[202]

Era con sus palabras,
con sus mismas palabras,
que se argumentaba la sombra.

[203] INSOMNIO

Quisiera no dormir,
huir de la pesada condena del silencio,
cerrar los ojos y no ver,
no escuchar los gritos motrices,
no preguntar
por la complicidad
de las víctimas,
ni por la entrega en la flagelación.
Quisiera no ser,
antes de ser testigo inerte de los pasos descarnados
que recorren el límite del mundo,
antes de que la mecánica de la descarga y del acero
se transforme en sueño
abandonado.

[204] CONTRALUZ

Era sombra
no límite da luz,
idea
perfilada contra un lóstrego
fráxil silueta de vida
reflectida no arco
do destino.

Era a consciencia de ser,
evolución e memoria,
cobiza de se volver paxaro
ou mar inabarcable,
constancia de se soñar libre.

Era un home
virtude incandescente,
inesgotable fonte de esperanza.

[205] MAR DE INVERNO

O mar de inverno
bateu as plumas, ás de salitre
a voar teimudas por riba do areal
e do espello sen lúa.

Sobre a praia os pasos tecían
un destino, leves pasos de ida
entre mareas, fráxil danza de sombras.

A bóveda de escuma
envolvía o silencio
e por detrás os pasos alimentaban
as ondas do perdido.

[204] CONTRALUZ

Era sombra
en el límite de la luz,
idea
perfilada en un relámpago,
frágil silueta de vida
reflejada en el arco
del destino.

Era la conciencia de ser,
evolución o memoria,
anhelo de transformarse en pájaro
o mar inabarcable,
constancia de soñarse libre.

Era un hombre,
incandescente virtud,
inagotable fuente de esperanza.

[205] MAR DE INVIERNO

El mar de invierno
batió sus plumas, alas de salitre
volando obsesivas por encima del arenal
y del espejo sin luna.

Sobre la playa los pasos tejían
un destino, leves pasos de ida
entre mareas, frágil danza de sombras.

La bóveda de espuma
envolvía el silencio
y por detrás los pasos alimentaban
las olas de lo perdido.

O mar de inverno que soubera do teu riso
reducía a fragmentos
a cobiza e os soños,
confundidos na extensa sucesión das crebas.

Todo en ti era delirio,
o lóstrego fugaz,
a cruz baleira,
o espello de abrazos e de sangue.

Confundíase o vento
na tépeda profusión de anxos,
húmida solidez do aire transformado en partículas
de alma, en cuspe dun deus insondable
que partía os corazóns
e facía naufragar as conviccións e as formas.

Lembras aquela historia?
o neno, o burato, o mar ilimitado.
Todo este mar de inverno entraba no teu peito,
na entangarañada extensión dos teus días.
Todo ese mar
nunha mañá de inverno,
nesa espiral de argazos que o son desfacía.

Todo o inverno nese mar teimudo
no que ti te perdías.

[206]

Viu nadar as mobellas
onde as ondas desertan,
na fronteira da escuma.
Tempo alado citándose
no frío. Viu os días
deixando pegadas nunha praia

El mar de invierno que supo de tu risa
reducía a fragmentos
la ambición y los sueños,
confundidos en la extensa sucesión de los despojos.

Todo en ti era delirio,
el relámpago fugaz,
la cruz vacía,
el espejo de abrazos y de sangre.

Se confundía el viento
en la débil profusión de ángeles,
húmeda solidez del aire transformado en partículas
de alma, en saliva de un dios insondable
que partía los corazones
y hacía naufragar la convicción y las formas.

¿Recuerdas aquella historia?
el niño, el agujero, el mar ilimitado.
Todo este mar de invierno entraba en tu pecho,
en la débil expansión de tus días.
Todo ese mar
en una mañana de invierno,
en esa espiral de algas que la música deshacía.

Todo el invierno en ese mar
obsesivo en el que tú te perdías.

[206]

Vio nadar a los colimbos
allá donde las olas desertan,
en las fronteras de la espuma.
Tiempo alado citándose
en el frío. Vio los días
dejando huellas en una playa

de luces e de sombras.
Soubo do vento
que esvaece a memoria,
da altura do silencio,
da tenrura dos homes,
e comprendeu a dimensión
do misterio.

de luces y de sombras.
Supo del viento
que diluye la memoria,
de la altura del silencio,
de la ternura de los hombres,
y comprendió la dimensión
del misterio.

SUITE DUBLÍN

(2011)

[207] SUITE DUBLÍN

I

os cisnes durmían sobre un campo
de soños e sentado no tren eu repasaba
o futuro. Nunca imaxinei este valor, nunca
enfrontei o frío, o baleiro, o silencio como nesta hora
na que todo fica absorto nun refacho de plumas.

II

a luz adormeceu nas túas costas
e o frío ficou lonxe
na abandonada extensión da ausencia.
O corpo durmido sobre o corpo
respiraba os impulsos dun latexar insomne
e o cristal do tempo loitaba por penetrar ata o colchón
e demorar nas sabas.
Pero era máis forte a tenrura
máis importante a perfumada pel e a adormecida
espera.

III

-GLENDALOUGH-

a tarde tornou gris
coma as cortizas preguiceiras
e escuras, aínda nestes días de redención.

Alá arriba, nas minas de chumbo
onde a neve se afirma nos penedos,
onde non medra nin acivro
nin teixo, ofrecinme en silencio,
só e en silencio, coñecedor dos
límites, das miñas liñas
escuras, do medo e do pecado

[207] SUITE DUBLÍN

I

los cisnes dormían sobre un campo
de sueños y sentado en el tren yo repasaba
el futuro. Nunca imaginé este valor, nunca
enfrenté el frío, el vacío, el silencio como en esta hora
en la que todo permanece absorto en una ráfaga de plumas.

II

la luz se adormeció en tu espalda
y el frío quedó lejos
en la abandonada extensión de la ausencia.
El cuerpo dormido sobre el cuerpo
respiraba los impulsos de un latir insomne
y el cristal del tiempo luchaba por penetrar hasta el colchón
y demorarse en las sábanas.
Pero era más fuerte la ternura
más importante la perfumada piel y la adormecida
espera.

III

-GLENDALOUGH-

la tarde se hizo gris
como los troncos perezosos
y oscuros, aún en estos días de redención.

Allá arriba, en las minas de plomo
donde la nieve se afirma en las rocas,
donde no crece el acebo
ni el tejo, me ofrecí en silencio,
solo y en silencio, conocedor de los
límites, de mis líneas
oscuras, del miedo y del pecado

do desacougo e da dúbida.

Ofrecinme, quero dicir que me dei
a min mesmo, só un latexo anónimo
no autocar de turistas asombrados.
Para que corazón desvío as horas?
Para que lingua carnal? Para que
entrega?
Respirou a tarde o seu vagar cincento
e inocente procureime na
lentura.

IV
-OLDCROGHAN MAN-

decapitadas as mans
buscaron
un último salouco
no crepitar da luz.

V
-MOLLY-

nun lugar da cidade xunto ao río
escondido do silencio hipócrita das flores e do altar,
detrás dunha porta vermella,
nun leito verde de trevo
e de esperma,
un corpo branco bañado en leite
lúa, rosada ou transparencia,
un símil sen arestas
palidamente ergueito,
unha boca na que beber
calidamente aberta,
o circular insomnio de Penélope

de la inquietud y de la duda.

Me ofrecí, quiero decir que me di
a mí mismo, sólo un latido anónimo
en el autocar de turistas asombrados.
¿Para qué corazón desvío las horas?
¿Para qué lengua carnal? ¿Para qué
entrega?
Respiró la tarde y yo busqué el calor
en su evasión inocente
y cenicienta.

IV

-OLDCROGHAN MAN-

decapitadas las manos
buscaron
un último suspiro
en el crepitar de la luz.

VI

-MOLLY-

en un lugar de la ciudad junto al río,
escondido del silencio hipócrita de las flores y el altar,
detrás de una puerta encarnada,
en un lecho verde de trébol
y de esperma,
un cuerpo blanco bañado en leche
luna, escarcha o transparencia,
un símil sin aristas
pálidamente erguido,
una boca en la que beber
cálidamente abierta,
el redondo insomnio de Penélope

transportado nun carro de mexillón
e arxila, silabarios da éxtase,
monólogos sen culpa, formación en vértice de gansos ou desexo
que cada día tece a alborada do soño.

VI

-BLARNEY CASTLE-

chegamos ata o límite
na confusión das linguas
baixo as sombras do bosque
no inquebrantable canto
dos paxaros.

O castelo afundíase na tarde
e o lago durmía nun silencio anterior
indiferente e distante.

Bruaban os cabalos
e elas, flores de sol nacente,
roubaban latexos de paisaxe
alentos fríos dun solpor de marzo.

No corazón do lago borboriñaba a illa
coma un sentir recóndito
e eu vin nacer os cisnes
que brotaban do inverno
coma agromo de bágoas mansas e cálidas.

VII

-ÚLTIMO AUTOBÚS A MALAHADI-

brilla a noite
nas escamas de luz das rúas
e do río. Respira, tece

transportado en un carro de mejillón
y arcilla, silabarios del éxtasis,
monólogos sin culpa, formación en vértice de gansos o deseo
que cada día teje el amanecer del sueño.

VI
-BLARNEY CASTLE-

llegamos hasta el límite
en la confusión de las lenguas
bajo las sombras del bosque
en el inquebrantable canto
de los pájaros.

El castillo se hundía en la tarde
y el lago dormía en un silencio anterior
indiferente y distante.

Barruntaban los caballos
y ellas, flores de sol naciente,
robaban latidos de paisaje
alientos fríos de un atardecer de marzo.

Del corazón del lago emergió la isla
como un sentir recóndito
y vi nacer los cisnes
que brotaban del inverno
como germen de lágrimas mansas y cálidas.

VII
-ÚLTIMO AUTOBÚS A MALAHADI-

brilla la noche
en las escamas de luz de las calles
y del río. Respira, teje

o seu soño a noite, pero o meu corazón
agarda. Non hai máis ilusión
que a que nos nace dentro,
máis destino que o latexo
acendido, máis aire que o serán
que respiro.

O autobús traspasa as sombras
confiado na rutina do cotián.
Cruza a cidade transportando
esperanzas. A noite pecha os ollos
pero brilla, non me despide,
búscame no reflectir da xanela
cos seus ollos de amar.
Vai o autobús, atravesando a noite
e o meu corazón, dividido, pero en calma,
agarda.

Dublín. Marzo 2010

su sueño la noche, pero mi corazón
aguarda. No hay más ilusión
que la que nos nace de dentro,
más destino que el latido
encendido, más aire que el atardecer
que respiro.

El autobús traspasa las sombras
confiado en la rutina de lo cotidiano.
Cruza la ciudad transportando
esperanzas. La noche cierra los ojos
pero brilla, no me despide,
me busca en el reflejo de la ventana
con sus ojos de amar.
Va el autobús, atravesando la noche
y mi corazón, dividido, pero en calma,
aguarda.

Dublín. Marzo 2010

www.ingramcontent.com/pod-product-compliance
Lightning Source LLC
Chambersburg PA
CBHW032039090426
42744CB00004B/67